本书受国家自然科学基金青年项目"考虑设计努力的动力电池闭环供应链决策研究"
（项目编号：72201196）资金资助

新能源汽车企业
供应链运营决策研究

朱梦萍　著

WUHAN UNIVERSITY PRESS
武汉大学出版社

图书在版编目(CIP)数据

新能源汽车企业供应链运营决策研究 / 朱梦萍著 . -- 武汉 : 武汉大学出版社, 2024. 11. -- ISBN 978-7-307-24676-8

Ⅰ. F407.471.6

中国国家版本馆 CIP 数据核字第 2024WL7351 号

责任编辑:陈 帆   责任校对:鄢春梅   版式设计:马 佳

出版发行:**武汉大学出版社** （430072 武昌 珞珈山）

（电子邮箱:cbs22@ whu.edu.cn 网址:www.wdp.com.cn）

印刷:武汉邮科印务有限公司

开本:720×1000 1/16 印张:10.5 字数:171 千字 插页:1

版次:2024 年 11 月第 1 版 2024 年 11 月第 1 次印刷

ISBN 978-7-307-24676-8 定价:49.00 元

目　　录

1 | 绪 论

1.1 研究背景

在能源紧张和环境污染问题日益突出的今天，具有节能环保优势的新能源汽车受到各国政府和汽车行业的高度重视，并成为全球汽车产业转型发展的主要方向。为有效缓解能源和环境压力，近年来，各国政府出台相关政策，加快培育和发展新能源汽车，从而推动汽车产业的可持续发展。例如，德国政府对新能源汽车购买者给予补贴；法国政府部门和电力企业积极推进电动汽车充电设施建设，以适应新能源汽车产业化发展的需要。2012 年，我国发布《节能与新能源汽车产业发展规划(2012—2020 年)》(国发〔2012〕22 号)，提出将纯电动汽车作为新能源汽车发展和汽车工业转型的主要战略取向，重点推进纯电动汽车和插电式混合动力汽车产业化。2013 年 9 月，财政部、科技部、工业和信息化部、发展改革委联合发布《关于继续开展新能源汽车推广应用工作的通知》(财建〔2013〕551号)，大幅度提高对新能源汽车的补贴力度。2020 年 11 月，国务院办公厅发布《新能源汽车产业发展规划(2021—2035 年)》(国办发〔2020〕39 号)，提出到2025 年新能源汽车新车销售量要达到汽车新车销售总量的 20%左右；到 2035年，纯电动汽车成为新销售车辆的主流。除国家政策外，我国一些地区在新能源汽车推广应用方面也做出了努力。例如，深圳市财政委员会与深圳市发展和改革委员会联合发布《深圳市 2018 年新能源汽车推广应用财政支持政策》(深财规〔2019〕1 号)，规定政府提供车辆购置补贴、充电设施建设补贴和动力蓄电池回收补贴。在政府的激励政策下，我国新能源汽车产业快速发展，产销量占全球比重超过 60%，连续 9 年居世界首位。据中国汽车工业协会统计，2023 年，我国新能源汽车产销量分别达到 958.7 万辆和 949.5 万辆，同比分别增长 35.8%和37.9%，市场占有率达到 31.6%。

动力电池作为新能源汽车最核心的部件，其有效寿命一般为 4~6 年，当电池容量衰减到初始容量的 80%以下时，难以完全满足汽车正常动力需求，需要进行更换(Gu 等，2018)。因此，随着新能源汽车的迅速发展，将会产生大量的废旧动力电池。据中国新能源汽车动力电池回收利用产业协同发展联盟数据显示，截至 2023 年我国已累计退役动力电池达 44.8 万吨，预计 2030 年将超 100 万吨。

从环保角度考虑，废旧动力电池中含有大量重金属和电解液等，若处理不当，将对环境造成极大污染，危害人体健康（Zeng 等，2015）。从经济效益来看，废旧动力电池有多种用途，包括梯次利用和再生利用。梯次利用是将容量下降到 80% 以下的车用动力电池进行改造，利用到储能（电网调峰调频、削峰填谷、风光储能、通讯基站）以及低速电动车等领域（Neubauer 和 Pesaran，2011；Heymans 等，2014）；再生利用是对已经报废的动力电池进行破碎、拆解和冶炼等，实现镍、钴、锂等资源的回收利用，既可降低动力电池生产成本，也可节约资源（Gu 等，2017）。废旧动力电池回收再利用问题也引起了中国政府的高度重视。2018 年 1 月，工信部等七部委联合发布《新能源汽车动力蓄电池回收利用管理暂行办法》（工信部联节〔2018〕43 号），提出要落实生产者责任延伸制度，要求汽车生产企业承担动力蓄电池回收的主体责任。因此，新能源汽车废旧动力电池回收再利用是发展新能源汽车产业的重要问题之一。新能源汽车企业供应链涉及新能源汽车和动力电池的生产、销售以及废旧动力电池的回收再利用等多个环节，参与主体众多，包括动力电池供应商、新能源汽车制造商、新能源汽车零售商、第三方动力电池回收商等，且由于燃油汽车的竞争以及政府补贴政策的实施，使得新能源汽车企业面临着十分复杂的市场环境。所以，对新能源汽车企业供应链进行有效管理，能实现经济和环境的综合效益，有利于促进新能源汽车产业可持续发展。

新能源汽车废旧动力电池回收再利用问题也引起学术界的广泛关注。目前，大多数研究集中于探讨动力电池回收处理过程中的技术问题（Swain，2017；Yun 等，2018；Raugei 和 Winfield，2019），或者分析动力电池回收再利用的经济和环境影响（Peterson 等，2010；Hao 等，2017；Sun 等，2020）。然而，从运营管理角度探讨动力电池闭环供应链优化策略的研究还较少。在实际运营中，新能源汽车企业面临着各种复杂的外部环境，并且政府补贴对其运营决策有着重要的影响，如何在不同市场环境中制定最优策略，对其市场竞争力的提升乃至新能源汽车产业的高质量发展至关重要。

立足上述背景，本书结合中国新能源汽车市场发展实际，考虑不同的市场结构，从运营管理角度深入研究新能源汽车企业供应链优化策略。具体而言，本书对以下问题展开了研究：①在单个新能源汽车制造商垄断的市场中，在考虑新能源汽车零售商与制造商和第三方动力电池回收商之间的需求信息不对称情形下，存在回收竞争时零售商不同信息分享模式下最优的新能源汽车定价和动力电池回收策略是什么？如何设计补偿机制激励零售商与供应链其他成员分享需求信息？②在新能源汽车制造商和燃油汽车制造商竞争的市场中，政府分别提供车辆购置补贴和动力电池回收补贴时，新能源汽车制造商如何制定最优的定价和动力电池回收策略？不同补贴方式对汽车制造商的利润、环境和社会福利有何影响？③在综合型新能源汽车制造商和组装型新能源汽车制造商竞争的市场中，二者应当在何种条件下建立竞合关系？在竞合情形下，最优的动力电池产能分配与回收策略如何？动力电池供应商的动力电池价格对于两类新能源汽车制造商的竞合关系将会造成怎样的影响？

1.2 研究目的与意义

1.2.1 研究目的

新能源汽车的应用能有效缓解能源紧张，减少环境污染，但同时带来废旧动力电池回收处理问题。在激烈的市场竞争环境下，新能源汽车企业如何制定生产、定价与动力电池回收策略，既决定了其市场竞争力，也影响着新能源汽车产业的长远发展。本书对新能源汽车企业供应链的运营决策问题进行深入剖析，具体而言，通过探究回收竞争情形下考虑零售商信息分享的新能源汽车定价和动力电池回收优化策略，旨在为复杂市场环境下新能源汽车行业相关企业制定生产运作决策提供参考；通过探讨基于政府补贴的新能源汽车定价和动力电池回收优化策略，旨在为新能源汽车企业在政府不同补贴方式下制定最优的定价和回收策略提供理论指导，同时为政府选择合适的补贴政策提供借鉴；通过研究新能源汽车制造商与竞争性企业的博弈行为，旨在揭示其选择与竞争性企业进行合作与否的条件，从而为新能源汽车企业制定最优的生产与回收策略提供决策依据。

1.2.2 研究意义

(1)理论意义

现有的关于新能源汽车动力电池回收问题的文献大多是从技术层面进行研究（Ku 等，2016；Diekmann 等，2017；Liu 等，2019），很少有文献从运营管理的角度探究新能源汽车动力电池闭环供应链的优化策略。本书基于新能源汽车行业特点，通过建立不同市场结构下的博弈模型，得到动力电池闭环供应链中各成员企业的最优策略，从而丰富闭环供应链优化理论。首先，在单个新能源汽车制造商垄断的市场中，同时考虑回收竞争和需求信息不对称，探究零售商不同信息分享模式下的新能源汽车定价和动力电池回收优化策略，弥补现有关于闭环供应链优化策略研究中忽视信息不对称情形的不足；其次，结合实际情况，在新能源汽车制造商和燃油汽车制造商竞争的市场中，考虑政府对新能源汽车制造商回收动力电池环节进行补贴这一新现象，与现有研究中的补贴方式进行比较分析，进而丰富基于政府补贴的新能源汽车供应链优化策略研究成果；最后，考虑动力电池回收的逆向物流因素，研究竞合关系下新能源汽车制造商的动力电池产能分配与回收优化策略，拓展供应链中产能分配策略研究。

(2) 现实意义

结合中国新能源汽车市场的实际情况，并考虑动力电池回收这一重要的新能源汽车行业特征，本书分别考虑不同的市场结构，研究新能源汽车企业供应链中各成员企业的最优运营决策，所得结论有助于提升新能源汽车行业相关企业在复杂运营环境中决策的科学性，对于促进动力电池回收和动力电池闭环供应链的有效管理乃至新能源汽车行业的长远发展，具有重要的实践指导意义。具体而言，在单个新能源汽车制造商垄断的市场中，通过研究回收竞争情形下考虑零售商信息分享的新能源汽车定价和动力电池回收优化策略，可以为需求信息不对称情形下动力电池闭环供应链各成员企业的运营决策提供依据；在新能源汽车制造商和燃油汽车制造商竞争的市场中，通过分析政府不同补贴方式对新能源汽车定价和动力电池回收优化策略的影响，为新能源汽车企业在政府不同补贴方式下制定最优的定价和回收策略提供实践指导，同时为政府选择合适的补贴政策提供参考；通过分析竞合关系下新能源汽车制造商与竞争性企业的博弈行为，得到其最优的动力电池产能分配与回收策略，从而为新能源汽车企业有效应对复杂市场竞争环境并提高市场竞争力提供决策参考。

1.3　研究思路与研究内容

1.3.1　研究思路

本书围绕新能源汽车企业供应链的生产、定价和回收策略等运营问题，分别选择三种差异化的市场结构下新能源汽车行业的典型特征或重要决策问题展开深入研究。总体研究框架如图1.1所示，简要说明如下：

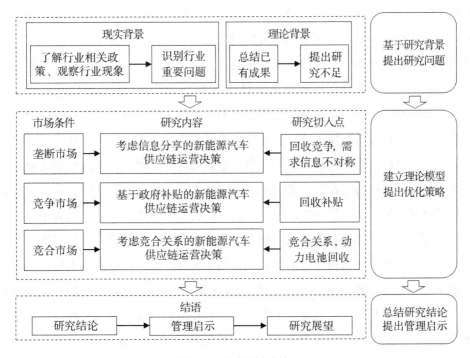

图1.1　本书研究框架

首先，研究单个新能源汽车制造商垄断的市场结构下，新能源汽车制造商依赖零售商和第三方回收商回收废旧动力电池。此时，零售商与第三方回收商在动力电池回收过程中存在竞争。在此情形下，掌握私有需求信息的零售商是否与制造商或第三方回收商分享需求信息成为其最重要的决策问题，对整个供应链绩效也带来显著影响。为此，本书深入分析当零售商与第三方回收商为同一个新能源汽车制造商回收废旧动力电池时，零售商在不同信息分享模式下(是否分享以及与谁分享)的新能源汽车定价和动力电池回收优化策略。

其次，研究同时存在新能源汽车制造商和燃油汽车制造商的竞争性市场结构，新能源汽车和燃油汽车之间的竞争与替代是消费者购买汽车产品面临的重要问题。在此情形下，政府为新能源汽车行业提供补贴(车辆购置补贴或动力电池回收补贴)直接影响消费者的购买选择，给车企的决策、新能源汽车市场渗透率以及社会福利都会带来直接且重要的影响。实践也表明，在新能源汽车与燃油汽车的竞争过程中，政府补贴是非常重要的影响因素(Huang 等，2013；Liu 等，2017；Shao 等，2017；Gu 等，2019；Li 等，2019)。因此，本书针对新能源汽车制造商和燃油汽车制造商相互竞争的市场结构，对比研究政府不同补贴方式下的新能源汽车定价和动力电池回收优化策略。

最后，研究同时存在不同生产条件的两个新能源汽车制造商之间的决策博弈。基于观察发现，作为新能源汽车行业的领导者，比亚迪与竞争性新能源汽车制造商关系的转变对新能源汽车行业带来重要的影响。具体来说，比亚迪这种同时具备动力电池生产能力和新能源汽车制造能力的综合型新能源汽车制造商与东风汽车等不具备动力电池生产能力的组装型新能源汽车制造商之间，一方面存在明显的市场竞争关系，另一方面也存在潜在的合作可能性——比亚迪为东风汽车提供动力电池。综合型新能源汽车制造商是否会与组装型新能源汽车制造商建立稳定的合作关系？在何种条件下这种竞合关系能够持续？这些问题不仅直接影响新能源汽车制造商的利润，而且会对整个新能源汽车行业的长远发展产生重要影响。为此，本书基于综合型新能源汽车制造商和组装型新能源汽车制造商竞争的市场结构，聚焦二者之间的竞合关系，研究新能源汽车动力电池产能分配与回收优化策略。

1.3.2 研究内容

本书共分为 6 章，主要研究内容如下。

第 1 章：绪论。首先阐述本书的研究背景、研究目的与意义，进而提出本书的研究思路与研究内容、研究方法与技术路线，最后提炼出本书的创新点。

第2章：文献综述。系统梳理和总结国内外相关代表性文献，主要包括新能源汽车废旧动力电池回收再利用问题研究、考虑信息分享的供应链优化策略研究、不同回收渠道结构下的闭环供应链优化策略研究、基于政府补贴的新能源汽车供应链优化策略研究、供应链产能分配策略研究，并指出现有关于新能源汽车供应链优化策略研究中尚未深入讨论的问题或难题。

第3章：考虑信息分享的新能源汽车供应链运营决策。在单个新能源汽车制造商具有行业垄断地位的市场结构下，考虑由一个新能源汽车制造商、一个新能源汽车零售商和一个第三方动力电池回收商组成的闭环供应链，零售商和第三方回收商在废旧动力电池回收市场上相互竞争，且零售商拥有私有市场需求信息，分别研究零售商不分享、与制造商分享和与第三方动力电池回收商分享需求信息三种情形下供应链各成员企业的最优定价和回收策略，探究信息分享的价值，并设计出激励零售商分享其私有需求信息的补偿机制。

第4章：基于政府补贴的新能源汽车供应链运营决策。在新能源汽车制造商和燃油汽车制造商分别销售新能源汽车和燃油汽车两种异质性产品并相互竞争的市场结构下，考虑动力电池回收和政府对新能源汽车行业的补贴，分别研究政府提供车辆购置补贴和动力电池回收补贴两种补贴方式下新能源汽车制造商的最优定价和动力电池回收策略以及燃油汽车制造商的最优定价策略，并分析不同补贴方式对两个制造商最优策略和利润、政府补贴成本、环境以及社会福利的影响。

第5章：考虑竞合关系的新能源汽车供应链运营决策。在两个新能源汽车制造商均销售新能源汽车且相互竞争的市场结构下，考虑其存在的合作情形，即其中一个新能源汽车制造商(综合型新能源汽车制造商)分配部分动力电池产能给其竞争者组装型新能源汽车制造商。竞争情形下，组装型新能源汽车制造商从动力电池供应商那里购买动力电池；竞合情形下，其从综合型新能源汽车制造商那里购买动力电池。在竞争情形下，研究考虑竞合关系下综合型新能源汽车制造商的最优动力电池产能分配与回收策略以及组装型新能源汽车制造商的最优订货与回收策略，探究存在竞争关系的两类新能源汽车制造商选择合作的条件。此外，还拓展研究双渠道采购情形下两种新能源汽车制造商的最优策略以及综合型新能源汽车制造商的最优动力电池定价策略。

第6章：结语。总结本书主要研究内容、研究结论和管理启示，并提出后续可进一步研究的方向。

1.4 研究方法与技术路线

本书分别考虑垄断市场、竞争市场和竞合市场三种不同的市场结构，基于新能源汽车企业面临的决策环境，综合运用博弈论、最优化理论、效用理论以及数值实验的方法，研究不同市场结构下新能源汽车企业供应链运营决策问题。本书的研究技术路线如图 1.2 所示：

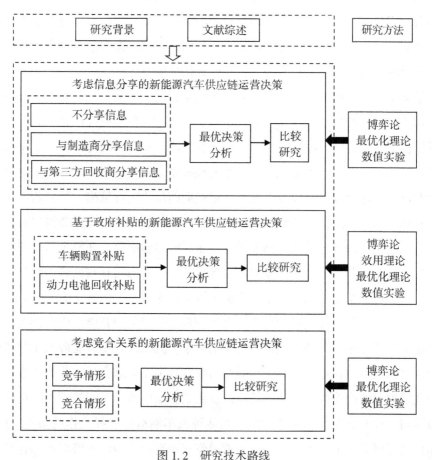

图 1.2 研究技术路线

（1）考虑信息分享的新能源汽车供应链运营决策

在单个新能源汽车制造商垄断的市场结构下，考虑新能源汽车零售商不分享、与制造商分享和与第三方动力电池回收商分享其私有市场需求信息三种不同的信息分享模式，同时考虑零售商与第三方动力电池回收商之间的回收竞争，分别建立不同信息分享模式下的新能源汽车动力电池闭环供应链模型，运用Stackelberg博弈模型刻画闭环供应链各成员企业的决策顺序以及决策变量，以最大化各自的利润为目标，运用最优化理论求解新能源汽车制造商、零售商和第三方动力电池回收商的最优定价和回收率决策。通过比较不同信息分享模式下供应链各成员企业的最优决策和利润，探究信息分享的价值，并设计激励零售商分享需求信息的补偿机制。最后，通过数值实验分析关键参数对供应链各成员企业最优决策和利润的影响。

（2）基于政府补贴的新能源汽车供应链运营决策

在新能源汽车制造商和燃油汽车制造商销售异质性产品（新能源汽车和燃油汽车）且相互竞争的市场结构下，运用效用理论分别刻画政府提供车辆购置补贴和动力电池回收补贴两种补贴方式对消费者车辆购置选择的影响，建立消费者的效用函数，基于效用非负和效用最大化原则分别得到新能源汽车和燃油汽车的市场需求函数；分别建立政府不同补贴方式下新能源汽车制造商和燃油汽车制造商的博弈模型，运用最优化理论求解新能源汽车制造商的最优定价和回收率决策以及燃油汽车制造商的最优定价决策，并对不同补贴方式下两个汽车制造商的最优决策和利润以及政府补贴成本进行比较研究。最后，通过数值实验分析不同补贴方式对两个汽车制造商最优决策和利润、政府补贴成本、环境以及社会福利的影响。

（3）考虑竞合关系的新能源汽车供应链运营决策

在两个新能源汽车制造商相互竞争的市场结构下，考虑其中一个新能源汽车制造商（综合型新能源汽车制造商）分配部分动力电池产能给其竞争者组装型新能源汽车制造商的合作情形，分别研究竞争和竞合情形下两个新能源汽车制造商的最优决策。首先，在竞争情形下，运用古诺模型刻画两个新能源汽车制造商的市场需求，建立各自的利润函数，并运用最优化理论求解两个新能源汽车制造商的最优产量和回收率决策。其次，在竞合情形下，运用 Stackelberg 博弈模型刻画两个新能源汽车制造商的决策先后顺序以及在不同阶段的决策变量，建立各自的利润函数，并运用最优化理论求解综合型新能源汽车制造商的最优动力电池产能分配与回收率决策以及组装型新能源汽车制造商的最优订货量与回收率决策。进一步地，通过比较两种情形下新能源汽车制造商的利润，得出两类新能源汽车制造商选择合作的条件。最后，通过数值实验分析关键参数对新能源汽车制造商最优决策和利润以及社会福利的影响。

1.5 本书创新之处

创新点一：考虑新能源汽车零售商与制造商和第三方动力电池回收商之间的需求信息不对称，提出存在回收竞争时不同信息分享模式下的新能源汽车定价和动力电池回收优化策略，并设计出激励零售商分享需求信息的补偿机制。

现有关于闭环供应链优化策略研究中，大多数文献考虑的是单回收渠道情形，少量文献研究了回收竞争情形下的闭环供应链优化策略。例如，Huang 等（2013）研究了零售商和第三方回收竞争情形下闭环供应链的最优定价和回收策略。Hong 等（2017）在回收渠道竞争和技术许可条件下分析了再制造系统的数量与回收决策，对比了两种专利许可模式对供应链成员的利润和环境的影响。然而，上述文献忽略了信息不对称对闭环供应链优化策略的影响，本书在新能源汽车动力电池闭环供应链中考虑信息不对称因素，深入探讨信息不对称下的动力电池闭环供应链优化策略。具体来说，考虑由一个新能源汽车制造商、一个新能源汽车零售商和一个第三方动力电池回收商组成的闭环供应链，其中零售商拥有私有需求信息，且零售商与第三方回收商在动力电池回收市场相互竞争，分别建立零售商不分享、与制造商分享和与第三方动力电池回收商分享需求信息三种模式下的博弈模型，求解得到不同信息分享模式下的新能源汽车定价和动力电池回收优化策略，通过比较不同信息分享模式下供应链各成员企业的最优决策和利润，探究信息分享的价值，并设计出激励零售商分享其私有需求信息的补偿机制，通过数值实验进一步分析关键参数(如零售商观察到的需求信号不准确度)对供应链各成员企业最优决策和利润的影响。

创新点二:考虑政府提供车辆购置补贴和动力电池回收补贴,提出新能源汽车和燃油汽车竞争市场中不同补贴方式下的新能源汽车定价和动力电池回收优化策略,并分析不同补贴方式对制造商最优决策和利润、政府补贴成本、环境以及社会福利的影响。

现有基于政府补贴的新能源汽车供应链优化策略研究集中于探讨政府补贴对新能源汽车供应链的影响以及不同补贴方式下的新能源汽车供应链优化策略。例如,Liu 等(2017)分析了政府补贴对制造商决策以及新能源汽车行业动态趋势的影响。Shao 等(2017)在不同市场结构下比较分析了政府提供定额补贴和价格折扣两种激励策略对新能源汽车需求和社会福利的影响。Fu 等(2018)对比研究了线性补贴和固定补贴政策对新能源汽车供应链的影响。Yang 等(2019)比较分析了生产商补贴和消费者补贴两种新能源汽车补贴模式对社会福利的影响。李英和胡剑(2014)探讨了政府补贴力度对新能源汽车推广的作用。然而,上述研究均忽略了新能源汽车行业中的废旧动力电池回收问题,从而也未考虑动力电池回收补贴。为此,本书将政府对动力电池回收进行补贴作为重要的研究问题。具体而言,针对新能源汽车制造商和燃油汽车制造商竞争的市场,分别建立政府提供车辆购置补贴和动力电池回收补贴两种补贴方式下新能源汽车制造商和燃油汽车制造商的博弈模型,求解得到不同补贴方式下的新能源汽车定价和动力电池回收优化策略,并通过数值实验进一步分析不同补贴方式对制造商最优决策和利润、政府补贴成本、环境以及社会福利的影响机制。

创新点三:考虑新能源汽车废旧动力电池回收的逆向物流特点,提出竞合关系下的新能源汽车动力电池产能分配与回收优化策略,并探究存在竞争关系的两类新能源汽车制造商选择合作的条件。

目前,关于供应链产能分配策略的研究多是考虑零售商之间的水平竞争。例如,Liu(2012)研究了两个零售商存在需求竞争情形下的产能分配策略。Cho 和 Tang(2014)对 Liu(2012)的研究进行了拓展,探讨了多个零售商竞争时的产能分配策略。当供应商参与市场竞争时,供应商与零售商/制造商之间存在既竞争又合作的关系。也有少量文献研究了竞合供应链中的产能分配策略。例如,Qing 等

(2017)考虑供应商和制造商之间的竞争，探讨了讨价还价情形下供应商的产能分配策略。然而，上述文献只考虑了正向供应链中的产能分配策略。为此，本书拓展研究闭环供应链中的产能分配策略。具体而言，结合新能源汽车行业和产品特点，考虑动力电池回收这一逆向物流活动以及两个竞争性新能源汽车制造商存在的合作情形，即综合型新能源汽车制造商分配部分动力电池产能给其竞争者组装型新能源汽车制造商，通过建立竞争和竞合情形下两个新能源汽车制造商的博弈模型，求解得到综合型新能源汽车制造商的动力电池产能分配与回收优化策略，并探究存在竞争关系的两类新能源汽车制造商选择合作的条件。此外，本书还研究双渠道采购的复杂情形，即组装型新能源汽车制造商同时向综合型新能源汽车制造商和一个专门的动力电池供应商购买动力电池情形下两类新能源汽车制造商的最优决策，并进一步考虑综合型新能源汽车制造商拥有动力电池定价决策权的情形，分析竞争强度对其最优定价决策的影响。

2 | 文 献 综 述

2.1 新能源汽车动力电池回收再利用问题研究

2.1.1 动力电池回收技术问题

回收废旧动力电池可以带来一定的经济效益和环境效益，同时对于确保新能源汽车市场的扩大和可持续发展至关重要。大量文献探讨了废旧动力电池回收技术问题（Swain，2017；Zheng 等，2018；Raugei 和 Winfield，2019；Baars 等，2021）。例如，Zeng 等（2015）开发了一种新的方法回收废旧锂离子电池中的锂和钴，利用草酸浸出和过滤，使得锂和钴的回收率分别达到了大约 98% 和 97%。Ku 等（2016）采用氨、碳酸铵、亚硫酸铵为原料的氨浸出剂，研究了从混合动力电动汽车锂离子电池组分离的阴极活性材料经处理后，镍、锰、钴、铝、铜的浸出行为。Diekmann 等（2017）研究了以机械加工为主的电动汽车锂离子电池的生态回收过程，发现该工艺安全、环保，并且物料回收率至少达到了 75%。Yun 等（2018）梳理了关于回收电动汽车锂离子电池组的现有回收技术，并总结出回收过程中的重要研究问题，同时从政府激励政策和有效回收技术两方面提出了一个将回收过程从概念推进到实践的框架。Liu 等（2019）综述了国内外关于废旧锂离子电池回收的研究现状，在对各种回收方法的潜在机理和理化特性进行分析的基础上，评估了每种方法的工业实现可能性。王浩伦（2024）提出了多属性直觉语言粗糙群决策模型，探讨了废旧动力电池回收技术选择问题。

2.1.2 动力电池回收再利用的经济和环境影响

一些学者分析了废旧动力电池再利用的经济和环境影响（Casals 等，2017；Ziemann 等，2018；Xu 等，2019）。例如，Peterson 等（2010）探讨了将电动汽车动力电池用于电网储能的潜在经济影响，发现车主没有足够的动机将其电池用于电网储能。Neubauer 和 Pesaran（2011）通过评估动力电池二次利用对电动汽车价格和储能应用的影响，发现二次利用尽管不会对目前的电动汽车价格有显著影响，但在储能市场中的潜力巨大。Heymans 等（2014）模拟了一个住宅小区的能源概况和成本调控结构，分析了再利用废旧动力电池调峰的可行性和成本节约情况。Hao 等(2017)比较了在没有回收和完全回收的情形下电动汽车生产的能源消耗和温室气体排放，并建议中国优先考虑动力电池的回收利用以实现电动汽车的清洁生产。Tang 等(2018)基于退役电动汽车动力电池在储能系统中的二次利用，探讨了共享商业模式对分布式光伏电池系统经济性能的影响。研究发现，共享商业模式有助于降低整个社区的电费，并提高光伏自耗率和电池利用率。Sun 等(2020)通过建立成本效益模型，对废旧动力电池的二次利用进行了经济分析，发现将废旧动力电池用于储能系统具有很好的应用前景。

2.1.3 动力电池回收网络设计问题

一些文献研究了动力电池回收网络设计问题。例如，Schultmann 等(2003)将逆向回收网络规划的优化模型和钢铁行业废旧电池潜在回收选择的流程模拟模型相结合，开发了一种混合方法用于建立废旧电池闭环供应链，以实现废旧电池的完全回收。Kannan 等(2010)建立了一个多级、多周期、多产品的闭环供应链网络模型用于电池回收，对材料采购、生产、配送、回收和处理环节进行决策，并提出了基于启发式的遗传算法进行模型求解。Sasikumar 和 Haq(2011)为电池回收系统设计了一个多层次、多产品的闭环分布供应链网络，并与最佳第三方逆向物流服务提供商的选择过程相结合，以实现逆向物流的成本效率和交付计划。Subulan 等(2015)针对电池行业提出了一种具有不同重要性和优先级的模糊多目标、多层级、多产品混合整数线性规划模型，以最小化闭环供应链总成本实现最大化电池回收数量。

2.1.4 基于动力电池回收的闭环供应链优化策略研究

部分文献研究了基于废旧动力电池回收的闭环供应链优化策略。Gu 等(2017)研究了基于政府补贴和废旧动力电池回收的电动汽车制造商最优生产策略问题。研究发现：增加政府补贴可以提高电动汽车制造商的生产数量和期望效用；提高动力电池回收率也可使电动汽车制造商的生产数量增加，但期望效用降低。Gu 等(2018)建立了一个由动力电池制造商和再制造商组成的三周期闭环供应链模型，提出了制造商与再制造商之间的最优定价策略以优化在动力电池不同使用期内供应链的总利润。Tang 等(2018)比较分析了不同的废旧动力电池回收模式,包括三种单回收渠道模式和三种竞争的双回收渠道模式。研究表明:从社会福利的角度看,设定合理的最低回收率作为奖惩机制的基准至关重要;消费者的环保意识对动力电池回收的社会效益具有重要影响;制造商和零售商竞争回收的模式最优。Tang 等(2019)通过建立 Stackelberg 博弈模型,探讨了在奖惩机制下回收废旧动力电池对社会、经济和环境的影响。结果表明:与补贴机制相比,奖惩机制对回收率和社会福利的影响更大。Li 等(2020)考虑到新能源汽车制造商、燃油汽车制造商和政府这三个主要参与者的市场,建立了考虑电池回收率和消费者环保意识的非合作博弈模型,分别分析了补贴政策和双积分政策情况下政府和制造商的最优决策。结果表明:在两种政策下,电池回收率是影响新能源汽车制造商竞争地位的最关键因素。同时,无论消费者的环保意识、回收率、对消费者的补贴等数值如何变化,新能源汽车制造商始终处于弱势地位,除非政府对新能源汽车制造商而不是消费者提供新的财政补贴。He 和 Sun(2022)基于博弈论方法,从供给侧角度探讨了动力电池回收利用的 EPP 机制。研究表明:三方策略选择的初始状态不利于逆向供应链的良性运行。动态奖惩机制可以使消费者和近 97% 的新能源汽车制造商参与动力电池回收的环保行动,效果较好。Sun 等(2022)构建了制造商回收、零售商回收和混合回收三种回收模式。利用斯塔克伯格博弈和市场真实数据,研究了碳交易政策、动力电池续航能力和广告效应对回收渠道选择的影响。研究发现:不同回收渠道不影响正向供应链中动力电池的批发价、零售价和市场需求;制造商和零售商的总利润与动力电池续航能力呈"U形"非线性关系,与广告效应呈正线性关系。Zhao 和 Ma(2022)构建了一个电池制造商、一个汽车制造商、一个第三方回收商的三方博弈供应链模型,分析了外部环境对供应链的影响,并提出了新的协调契约。研究表明:利用利润转移合同和成本分摊合同可以协调供应链,增加汽车需求和实际回收量。Liu 等(2023)考察了一个二次利用电池市场,运用博弈论模型考虑了三种营销策略选择,即销售策略、租赁策略和混合策略。研究显示:更多样化的选择策略优于梯次再制造商提供的单一选择策略,尤其是当租赁选择进一步分为固定租赁和按时间租赁两个子类别时。Feng 等(2024)研究了新能源汽车电池回收利用中碳减排工具对区块链技术应用的影响。研究发现:在碳税制度下,碳减排鼓励电池供应商采用区块链技术;采用区块链技术增加了新能源汽车供应链利益相关者的利润。卢超等

(2020)同时考虑了动力电池回收利用中来自市场的需求风险和来自回收渠道的质量风险，构建了两阶段闭环供应链分散式和集中式定价模型，发现分散决策下的最优回收价格始终低于集中决策下的最优回收价格，并基于风险共享契约提出了完全补偿契约来协调供应链。张川和陈宇潇(2021)针对零售商主导的考虑政府补贴和规模效应的动力电池闭环供应链，研究了供应链成员最优决策及协调问题。研究表明：政府补贴能够降低零售价，提高回收率以及各成员利润；第三方回收商规模效应的增大有利于降低零售价格，提高动力电池产品回收率及闭环供应链各成员收益。谢隽阳等(2022)通过构建生产者责任延伸下整车企业主导的动力电池回收模式，分析了帕累托均衡时不同主体的行为策略以及相关因素影响的内在机理。研究发现：整车企业作为回收责任的源头主体，其策略选择极大程度上决定了电池生产企业承担延伸责任的积极性，对构建良性回收网络有关键性影响。王文宾等(2023)通过构建动力电池生产商和新能源汽车制造商关于废旧动力电池回收决策的演化博弈模型，分别在政府不干预和实施补贴—惩罚政策两种情形下，分析了影响电池生产商和汽车制造商选择回收与否的因素。研究表明：在政府实施补贴—惩罚政策时，电池生产商的回购价不受政府惩罚的影响。徐莹莹等(2023)分别构建了市场机制和政策影响下的梯次利用合作商业模式选择博弈模型。研究发现：新能源汽车生产商和梯次利用企业并非总能达成合作，当处于无法形成稳定合作商业模式时，降低电池回收网点运营成本、降低双方交易费用或提高电池梯次利用后的剩余价值均可有助于打破"僵局"。冯中伟等(2024a)针对一个具备动力电池技术的电动汽车制造商和一个缺乏动力电池技术的电动汽车制造商组成的系统，在竞争、专利竞合及批发竞合三种模式下分别构建博弈模型并求解，分析了电动汽车制造商竞争与竞合策略选择及退役动力电池回收决策。研究表明：最优策略的选择取决于电动汽车制造商的议价能力、电动汽车替代程度、动力电池成本差异及退役动力电池回收利用价值。冯中伟等(2024b)针对一个由两条相互竞争的电动汽车供应链组成的双寡头垄断系统，考虑由动力电池供应商回收再利用退役电池，研究了整车制造商的供应商发展与供应商整合策略选择问题。研究发现：供应商开发能力充分强的整车制造商采取供应商整合策略后总是会增加对其动力电池供应商的开发投资。高艳红和黎振东(2024)设计了非正式组织与责任企业合作回收废旧动力电池的回收模式，并通过构建地方政府、责任企业及非正式组织的三方演化博弈模型，分析了各方策略的稳定性及各要素的影响。张川等(2024)研究电动汽车动力电池制造商在碳配额交易政策下的回收模式选择与碳减排策略，提出了四种混合渠道回收模式，求解得到不同模式下各成员最优定价决策、最优利润和制造商碳减排决策。结果表明：不同回收模式对正向供应链的定价、市场需求和制造商碳减排决策没有影响。

综上，现有文献主要聚焦于探讨动力电池回收处理过程中的技术问题或回收再利用的经济和环境影响，这些研究为理解动力电池回收的必要性与可行性提供了有益启示，也为动力电池回收的实践提供了有效指导。然而，从运营管理角度开展动力电池闭环供应链优化策略研究的还不多，尤其是运用博弈论方法深入研究动力电池闭环供应链中相关企业的均衡策略，从而导致学术界和实践部门无法深入分析动力电池回收的过程，也不利于发现影响动力电池回收环节的关键因素及阻碍。

2.2 考虑信息分享的供应链优化策略研究

2.2.1 考虑信息分享的正向供应链优化策略研究

由于更接近消费者市场，零售商相较于供应链其他成员而言，掌握更多的市场需求信息。近年来，大量文献对正向供应链中的零售商信息分享问题进行了研究。例如，Li(2002)分析了多个零售商竞争情形下供应链中垂直信息分享对供应链利润和社会福利的影响，发现零售商总是不分享其市场需求信息。Yue 和 Liu(2006)探讨了双渠道供应链中共享需求预测信息的价值。Li 和 Zhang(2008)考虑由一个制造商和多个存在价格竞争的零售商组成的供应链，每个零售商都拥有私有需求信息，探究了零售商和制造商之间的信息分享策略。研究表明：当所有零售商秘密分享其私有信息时，供应链利润将达到最大。Ha 等(2011)研究了具有规模不经济生产技术的竞争性供应链中垂直信息分享的激励机制。研究发现：当生产经济性较大或竞争不激烈时，信息分享对整个供应链有利。Shamir(2012)在由一个制造商和多个价格竞争的零售商组成的供应链中，考虑每个零售商都拥有私有市场需求信息，提出了一种能实现真实信息共享和减少信号传递成本的机制。Shang 等(2016)考虑由两个竞争性制造商和一个共同的零售商组成的供应链，探究了供应链中的信息分享问题。研究表明：零售商分享信息的动机强烈地依赖于非线性的生产成本、竞争强度以及零售商是否能够提供一份契约来收取信息的报酬。Li 等(2020)探讨了当两个竞争性零售商销售可替代产品且拥有私有需求信息时制造商的信息获取与补贴策略。结果表明：给零售商提供补贴诱导其分享信息总是对制造商有利。王桐远和李延来(2020)分析了零售商市场需求预测信息分享对双渠道绿色供应链绩效的影响。研究发现：在双渠道绿色供应链中，若零售商对市场需求的预测较为乐观，信息分享使得制造商更有动机提高产品绿色度；零售商信息分享总是使得制造商利润增加，但并非总是使得零售商利润损失。余大勇等(2020)探讨了制造商和零售商面临随机需求均值不确定时的决策问题，并分析了激励零售商分享需求信息和增加供应链利润的协调机制。研究表明：制造商根据零售商订单数据推断的需求过高时，将制定较高的批发价格，零售商的期望利润将比与制造商分享需求数据时少，零售商与制造商共享终端需求数据的可能性较大。

2.2.2　考虑信息分享的闭环供应链优化策略研究

一些学者研究了闭环供应链中的信息分享问题。例如，Huang 和 Wang(2017a)研究了当零售商拥有私有需求信息时，供应商—再制造和制造商—再制造两种情形下的信息分享价值。研究表明：信息分享对供应商和制造商都有利，但对零售商不利；具有分享信息的供应商会调整批发价格和收购价格，使正向流和逆向流达到平衡。Huang 和 Wang(2017b)考虑分销商拥有其私有市场需求信息，分析了在技术许可条件下，由制造商、分销商和第三方组成的闭环供应链中信息分享的效益。研究显示：无论再制造活动是否存在技术许可，信息分享都会使制造商和第三方的利润增加，分销商的利润减少。Huang 和 Wang(2020)通过建立无再制造、原始设备制造商进行再制造和技术许可下第三方进行再制造三种再制造模式，探究了闭环供应链中信息分享和学习效应的交互作用。研究结果表明：信息分享和学习效应对采购价格和采购数量有负向影响。当零售商向制造商披露较大的需求信息时，信息分享情景下的采购价格高于无信息分享情景下的采购价格。聂佳佳(2013)研究了零售商预测信息分享对闭环供应链回收渠道选择的影响。研究发现：零售商对市场需求信息的分享策略和制造商对回收模式的选择取决于预测信息精度和回收旧产品价格的高低。聂佳佳(2014)分别考虑垄断的再制造商和存在竞争对手的情形，分析了再制造商需求预测信息对回收再制造的影响，探讨了再制造商与新产品制造商信息分享的可行性。研究发现：预测精度较低时，再制造商有动机与新产品制造商分享信息。肖群和马士华(2016)在 MTO (按订单生产)和 MTS(按库存生产)两种模式下，考虑制造商和零售商各自预测市场需求信息，比较了信息不对称和信息共享下产品定价、废旧品回收率和零售商利润的区别。研究显示：产品定价、废旧品回收率和零售商利润不受生产模式改变的影响；在某些条件下，信息共享下产品的批发价、零售价和废旧品回收率均高于信息不对称时的相应值。张盼(2019)考虑了政府奖惩机制，在制造商直接回收的闭环供应链中探讨了零售商的需求预测信息分享问题。研究表明：当制造商回收效率较高时，自愿分享需求信息是一个均衡；当制造商回收效率较低时，信息不分享是一个均衡；当制造商回收效率处于中等水平时，通过设计一个讨价还价机制，可以促使信息分享是一个均衡。王文宾和丁军飞(2020)通过建立由制造商和零售商以及消费者组成的闭环供应链，其中制造商负责回收废旧产品并进行再制造，研究了奖惩机制下零售商的信息分享策略以及对闭环供应链的影响。研究发现：零售商信息分享使社会总福利和废旧产品回收率提高，但使消费者剩余的期望值降低。

通过对上述文献进行梳理，可以发现考虑信息分享的闭环供应链优化策略研究聚焦于探讨零售商与制造商分享需求信息，具体分析零售商进行信息分享的动机与条件以及对供应链绩效的影响。少部分文献关注了制造商与再制造商之间进行信息分享的问题。然而，当前研究对于其他主体之间的信息分享问题缺乏关注。例如，在闭环供应链的研究和实践中，零售商回收和第三方回收是两种常见的回收形式。当制造商同时依赖零售商与第三方回收商进行回收时，具有信息优势的零售商如何利用私有需求信息优化其决策，其是否愿意与制造商或第三方回收商进行信息分享，直接影响闭环供应链的绩效。这是一个值得深入研究的问题，而当前研究则存在不足。

2.3 不同回收渠道结构下的闭环供应链优化策略研究

2.3.1 单回收渠道下的闭环供应链优化策略研究

在闭环供应链的相关研究中，回收渠道基本上可分为三种：制造商回收、零售商回收和第三方回收（Savaskan 等，2004）。大多数相关文献是对单回收渠道的研究。例如，Savaskan 和 Van Wassenhove（2006）考虑零售商之间的竞争，探讨了制造商逆向渠道选择与正向渠道产品定价决策的相互作用。Atasu 等（2013）分析了回收成本结构对制造商回收渠道选择的影响。研究表明：在规模经济成本结构下，零售商负责回收的模式最优；在规模不经济成本结构下，制造商负责回收的模式最优。Chuang 等（2014）基于高科技产品生命周期短、需求不确定的特性，比较分析了制造商在三种不同回收渠道下的最优生产数量和利润，并研究了回收成本结构和产品回收法规对制造商回收渠道选择的影响。Shi 等（2015）研究了回收责任共享情形下闭环供应链的逆向渠道选择问题。研究发现：对零售商来说，第三方回收总是最差的选择；零售商和制造商回收的优劣取决于回收成本参数，对于制造商来说，当成本较低时制造商回收是最优的选择，当成本较高时零售商回收是最优的选择。Han 等（2017）从企业利润和系统鲁棒性的角度研究了制造商的回收渠道和生产决策问题。研究发现：在没有再制造成本中断的情况下，零售商回收比制造商回收的利润更高；当面临中断时，制造商回收渠道更有利。洪宪培等（2012）考虑制造商具有直接销售渠道和间接销售渠道，研究了闭环供应链的定价以及制造商的回收渠道选择问题。黄宗盛等（2013）在动态环境下比较分析了再制造闭环供应链的两种回收渠道，利用微分对策理论得到不同回收渠道下的最优控制策略，并发现制造商回收渠道最优。舒秘和聂佳佳（2015）研究了制造商存在产能约束下的回收渠道选择问题。研究表明：存在产能约束时，制造商回收渠道中的回收率总是最高的；同时，若废旧产品回收转移支付价格较低，制造商会选择自己回收；若回收转移支付价格较高，制造商会选择零售商回收。公彦德等（2016）将处理基金和拆解补贴引入电器电子产品闭环供应链，比较分析了三种不同回收渠道下制造商的拆解策略，发现对具有拆解资质的制造商来说，其最优策略是委托销售商进行回收。

2.3.2　双回收渠道下的闭环供应链优化策略研究

一些学者研究了双回收渠道下的闭环供应链优化策略。例如，Hong 等 (2013) 通过比较制造商和零售商共同回收、零售商和第三方共同回收以及制造商和第三方共同回收三种双回收渠道模式，探讨了制造商的逆向渠道选择问题。研究发现：制造商和零售商共同回收的逆向渠道结构最优，并且明显优于单一回收渠道。Liu 等 (2017) 在 Hong 等 (2013) 的基础上考虑了回收渠道之间的竞争，发现无论竞争强度如何，制造商和零售商双回收渠道模式最优。Huang 等 (2013) 研究了零售商和第三方回收竞争情形下闭环供应链的最优定价和回收策略，并与单回收渠道模式下的最优决策进行对比，进一步探究了制造商的回收渠道选择问题。Hong 等 (2017) 在回收渠道竞争和技术许可条件下分析了再制造系统的数量与回收决策，对比了两种专利许可模式对供应链成员的利润和环境的影响。研究发现：制造商最优许可策略的选择取决于再制造商固定支付费用的多少。Feng 等 (2017) 基于消费者对线上回收渠道的偏好，对比分析了线下回收渠道、线上回收渠道和双回收渠道模式下供应链成员的最优决策。研究发现：从整个系统的角度看，双回收渠道总是优于单回收渠道。He 等 (2019) 研究了制造商和零售商回收竞争情形下，顾客感知到的回收便利性对回收效率的影响，发现零售商总会加入回收竞争。卢荣花和李南 (2017) 在零售商竞争情形下，建立两周期闭环供应链回收渠道决策模型，从企业效益、环境效益和社会效益三方面分析了制造商的最优回收渠道选择问题。倪明等 (2017) 比较分析了不确定需求条件下闭环供应链的三种双渠道回收模式。研究发现：从经济效益最大化的角度，政府应倡导零售商和第三方共同回收模式。郑本荣等 (2018) 在制造商与第三方回收竞争情形下探讨了制造商的联盟策略选择问题。研究表明：当回收竞争强度较小时，与零售商和第三方同时联盟的策略对制造商最有利；当回收竞争强度较大时，与零售商联盟的策略是制造商的占优策略。

通过对上述文献进行梳理发现，当前研究大多探讨单回收渠道或独立的双回收渠道结构下的闭环供应链优化策略。尽管有少量文献研究了双回收渠道竞争情形下的闭环供应链优化策略，但通常假设双回收渠道之间是对称的，缺乏对渠道差异性的关注，包括不同回收渠道获得信息的丰富程度存在差异。例如，当零售商与第三方回收商共同回收时，零售商相对于第三方回收商而言，掌握更多的市场需求信息。上述渠道差异如何影响双回收渠道闭环供应链中各成员的最优决策以及供应链绩效，仍然需要作进一步深入研究。

2.4 基于政府补贴的新能源汽车供应链优化策略研究

2.4.1 政府补贴对新能源汽车供应链的影响

政府补贴是促进新能源汽车产业发展的重要激励措施之一。近年来，已有许多学者研究了政府补贴对新能源汽车供应链的影响。例如，Huang 等（2013）研究了政府补贴激励下双寡头垄断市场的燃料汽车供应链以及燃料汽车和电动汽车并存的供应链，发现当消费者议价能力较强时，政府补贴将更有效地增加电动汽车的销量。Hao 等（2014）提出了中国两阶段电动汽车补贴方案的基本原理，并估计了该方案对电动汽车市场渗透率的影响。Zhang（2014）综合考虑政府补贴和消费者权衡，评估了电动汽车最优生产决策的相关影响因素，发现政府补贴是影响电动汽车最优产量和期望效用的重要因素。Liu 等（2017）通过建立电动汽车制造商和政府之间的演化博弈模型，分析了政府补贴对制造商决策以及电动汽车行业动态趋势的影响。Zhang 等（2018）通过对北京市大量数据的抽样调查，评估了补贴政策对消费者购买电动汽车意愿的影响，发现补贴政策是促进电动汽车发展的最主要因素。Zhou 等（2019）提出了基于系统动力学的演化博弈论方法，分析了政策激励对电动汽车发展的影响，发现税收优惠对电动汽车生产的激励效果优于直接补贴。Fan 等（2020）研究了国产和进口电动汽车制造商的最优定价策略以及政府的补贴政策设计，发现补贴政策有助于提高国产电动汽车制造商的利润和社会福利。Wang 等（2024）探讨了政府干预对新能源汽车双回收渠道绿色供应链的影响，并提出了一种改进的多目标深度强化学习算法来处理复杂的回收问题。研究发现：多种回收渠道的组合可以降低成本和碳排放，政府补贴能显著提高多周期多目标优化的效率。Yuan 等（2024）探讨了考虑研发补贴和续航里程偏好，在双积分政策下，双寡头新能源汽车制造商在研发和生产阶段的战略选择问题。结果表明：研发补贴可以激励研发投资，但只有在某些情况下才与最优利润合作战略相一致。李英和胡剑（2014）通过构建基于智能体的仿真系统模型，探讨了新能源汽车产品的扩散过程，发现政府的补贴力度对于新能源汽车的推广起着重要作用。邵路路等（2017）考虑产品环境质量和消费者惯性，研究了电动汽车生产商的最优定价策略以及政府的最优补贴策略。研究结果表明：电动汽车的生产效率较高时，政府的最优补贴随产品环境质量的增加而增大；生产效率较低时，最优补贴随之减小，政府通过增大补贴的方式鼓励生产商提高生产效率。邵路路等（2018）探究了产品耐用度、产品更新程度和政府补贴对电动汽车市场需求的影响，发现生产商最优利润随产品更新程度和政府补贴的增加而增大。姜彩楼等（2020）通过构建演化博弈模型，研究了政府补贴对新能源汽车企业自主研发和技术引进策略的影响。研究表明：政府补贴高于临界值时会促进新能源汽车企业自主研发，低于临界值时则会促进新能源汽车企业技术引进。

2.4.2 不同补贴方式下的新能源汽车供应链优化策略研究

一些学者研究了不同补贴方式下的新能源汽车供应链优化策略。例如，Luo等（2014）分析了价格折扣激励方案下的电动汽车供应链，该方案包括价格折扣率和补贴上限。研究表明：对于单位生产成本较高的制造商，补贴上限对其最优批发定价决策影响更大；对于单位生产成本较低的制造商，价格折扣率影响更大。Shao等（2017）在不同市场结构下比较分析了政府提供定额补贴和价格折扣两种激励策略对电动汽车需求和社会福利的影响，发现政府更倾向于实施定额补贴策略。Fu等（2018）通过比较线性补贴和固定补贴模型，研究了政府补贴对电动汽车供应链的影响，发现提供固定补贴给消费者是最优的补贴政策。Li等（2019）采用复杂网络演化博弈方法，研究了不同规模网络中政府政策对电动汽车扩散的动态影响。研究发现：与消费者购买补贴相比，制造商生产补贴对电动汽车扩散的效果更好。Gu等（2019）考虑由电动汽车制造商、燃油汽车制造商和零售商组成的供应链，通过建立不完全信息条件下的博弈模型，探讨了政府应如何分配补贴以使整个供应链的利润最大化。研究表明：在电动汽车发展初期，补贴应优先给予消费者，随着补贴预算的增加，再给予电动汽车制造商；在发展后期，补贴对于促进电动汽车的普及可能并不重要。Sun等（2019）建立了一个基于主体的仿真模型，探讨了消费者补贴和制造商补贴对电动汽车行业新技术发展的差异效应。研究发现，消费者补贴在促进电动汽车普及和技术突破方面更有效。Wang和Deng(2019)分别考虑制造商投资和经销商投资建设充电站两种情形，比较分析了生产者补贴和消费者补贴对促进电动汽车应用的作用。Yang等(2019)比较分析了生产商补贴和消费者补贴两种新能源汽车补贴模式，发现这两种补贴模式在扩大市场份额方面无差异，但消费者作为补贴对象可以获得更高的社会福利水平。罗春林(2014)基于政府补贴和合作博弈的方法研究了电动汽车供应链的最优定价和期望销量等问题。研究表明：政府补贴可以提高销量；补贴额度越高，供应链绩效越好。秦字兴(2016)构建了一个不完全信息条件下政府与电动汽车企业之间的研发补贴动态博弈模型，分析了不同管制目标下局中人的最优策略。研究发现：存在唯一的补贴力度能够同时实现最优研发投入比例最大化以及最优市场价格最小化的目标，却无法同时令政府与企业的短期收益之和最大。杨艳萍等(2018)基于模糊认知图构建了纯电动汽车扩散模型，比较分析了政府三种不同补贴政策下的扩散速率和扩散结果。研究表明：政府给予消费者补贴对于纯电动汽车市场占有率的作用是反向的；给予汽车制造商补贴和给予充电站建设者补贴的增加会带来市场占有率的增加。赵骅和郑吉川(2019)基于动力系统分支理论构建动态博弈模型，探讨了不同新能源汽车补贴方式对市场稳定性的影响。结果表明：新能源汽车研发补贴能刺激企业研发投入，但补贴的增加会降低市场稳定性；新能源汽车市场补贴对企业研发投入的刺激效果弱于研发补贴，过度补贴会降低市场稳定性。熊勇清等(2020)研究了基于不同补贴主体的新能源汽车制造商定价策略。研究发现：政府针对消费者的补贴可以使技术水平相对落后的制造商获得更高的利润；对制造商的补贴可以使较高技术水平的制造商获得更高的利润。楼高翔等(2023)比较了按回收量补贴和按回收电池容量补贴对提高新能源动力电池闭环供应链回收率的有效性。研究表明：与无补贴相比，按回收量补贴政策下的回收率较大，而按回收电池容量补贴政策下的回收率可能较小；当补贴总金额相等时，按回收量补贴政策下的回收率大于按回收电池容量补贴政策下的回收率。

通过对上述文献进行梳理，可以发现，当前研究考虑了新能源汽车行业中各种形式的政府补贴，包括消费者购买补贴或制造商生产补贴，并加以比较分析。

上述补贴形式均发生在供应链的正向环节，逆向供应链中的相关补贴形式则缺乏关注。具体来说，较少有文献研究当制造商或者第三方回收动力电池时，政府对其提供补贴的情形。由于动力电池是新能源汽车的核心部件并具有高价值，深入研究动力电池回收补贴这一逆向补贴形式并与其他补贴形式进行对比，对促进新能源汽车产业的发展具有重要意义。

2.5 供应链产能分配策略研究

2.5.1 零售商需求独立时的产能分配策略研究

产能短缺在众多行业中时有发生，供应商根据市场特点采取多种分配方式应对产能不足问题。大量文献研究了各零售商需求独立时的产能分配策略。例如，Cachon 和 Lariviere(1999a)考虑由一个供应商和多个需求独立的零售商组成的供应链，分析了在各种分配机制下零售商的均衡订货决策和供应商的产能选择以及供应链绩效。Cachon 和 Lariviere(1999b)比较分析了不同分配机制对供应链利润的影响。研究表明：在线性分配和比例分配机制下，零售商会虚增自己的订货量；而在均匀分配机制下，零售商按自己想要的数量订货。Chen 等(2012)通过实验方法研究了比例分配机制下的产能分配博弈，发现零售商的订货量远低于纳什均衡订货量。Chen 和 Zhao(2015)对此进行拓展，研究了不确定需求条件下的产能分配策略。Lu 和 Lariviere(2012)建立了一个动态随机博弈模型，研究了基于往期销售量分配机制的零售商订货行为策略。Huang 等(2013)考虑由单个供应商和多个零售商组成的供应链，提出用数量折扣和价格-数量拍卖协调供应链中的产能分配。Chen 等(2014)研究了由单个供应商、多个分销商和多个零售商组成的三级供应链中的产能分配策略，分析分销商的信息如何显著影响零售商之间的产能分配和供应商的生产决策。研究发现：由于分销商的信息优势，零售商一方的数量扭曲得到了缓解，上游信息不对称进而影响下游零售商之间的数量分配。Xie 等(2014)考虑制造商同时通过一个独立的服务提供商和直销渠道销售产品，建立两阶段模型研究信息不对称下多渠道供应链中的产能规划和分配策略。Cui 和 Zhang(2017)提出了一个基于认知层次理论的行为模型，研究了由一个供应商和多个零售商组成的供应链中的产能分配博弈。

2.5.2 零售商需求竞争情形下的产能分配策略研究

许多学者对零售商需求竞争情形下的产能分配策略进行了研究。例如，Liu（2012）研究了两个零售商存在需求竞争情形下的产能分配问题，发现均匀分配可产生博弈效应，使得零售商虚增自己的订货量。Cho 和 Tang（2014）对此问题进行拓展，研究了多个零售商竞争时的产能分配策略，详细分析了均匀分配可产生博弈效应的条件，并提出一种新的分配机制——竞争性分配，以消除博弈效应。Chen 等（2013）考虑由单个供应商和多个竞争性零售商组成的供应链，比较分析了比例分配和字典序分配机制对供应链绩效的影响。研究表明：字典序分配机制可抑制零售商之间的竞争，并同时增加了供应商的利润和供应链总利润。Zhou等（2015）研究了季节性需求下单个供应商与多个竞争性零售商之间的多周期产能分配问题，提出了基于零售商往期销售量的转与赚分配机制。研究发现，该机制可使供应商获利却损害了零售商的利益。Li 等（2017）研究了单个供应商和市场权力不对称的两个竞争性零售商之间的产能分配问题，比较分析了均匀分配、比例分配和字典序分配三种不同分配机制对供应商定价决策和零售商订货行为的影响。研究表明，任意优先级顺序下的字典序分配均优于另外两种分配机制。

2.5.3 竞合供应链中的产能分配策略研究

当供应商参与市场竞争时，供应商与零售商/制造商之间存在既竞争又合作的关系，这种竞合供应链研究已引起学者们的高度关注（Gurnani 等，2007；Wilhelm，2011；Wang 等，2013；Luo 等，2016；Yan 等，2019；Zacharia 等，2019）。例如，Niu 等（2015）研究了由原始设备制造商和原始设计制造商组成的竞合供应链中的定价问题，发现竞合关系对两个制造商均有利。Chen 等（2019）探讨了两家厂商在竞争与竞合之间的策略选择问题，它们既生产替代产品，同时也可选择从对方购买关键零部件。研究发现：最优的竞合策略不仅取决于产品的替代程度，而且取决于两家厂商间的权利关系以及生产效率差异。有少量文献研究了竞合供应链中的产能分配策略。例如，Geng 和 Mallik（2007）研究了一个多渠道分销系统中的库存竞争和分配问题，其中，制造商同时通过零售商和直销渠道销售自己的产品给消费者。研究发现：即使在产能充足的情形下，制造商也可能会削减零售商的订单。Qing 等(2017)考虑供应商和制造商之间的竞争，探讨了讨价还价情形下供应商的产能分配策略。研究表明：供应商分配给自己的产能随着其议价能力的增加而增加；而分配给制造商的产能随着其议价能力的增加而减少。吉清凯等(2018)研究了有限产能下智能电子产品供应链中的产量博弈模型，发现上游供应商(同时也是下游制造商的竞争者)有可能利用其产能将下游制造商挤出市场。

通过对上述文献进行梳理发现，当前关于供应链产能分配策略的研究主要探讨零售商需求独立或需求竞争情形下的产能分配策略，分析各种产能分配机制对于供应链中各成员均衡决策以及供应链绩效的影响。少量文献关注供应商与制造商/零售商之间的竞合关系，研究了竞合供应链中的产能分配策略。然而，这些研究仅考虑正向供应链中的活动，缺乏探讨闭环供应链中的产能分配问题。在新能源汽车行业中，动力电池在正向渠道中的产能分配问题与逆向渠道中的回收问题密切相关，使得动力电池产能分配问题变得复杂化。同时，考虑到不同新能源汽车制造商之间的竞合关系，又进一步增加了动力电池产能分配问题的复杂程度。因此，基于新能源汽车制造商之间的竞合关系，考虑动力电池回收因素，探讨动力电池产能分配与回收策略，是一个全新且具有重要现实意义的问题，也是本书研究的主要问题。

2.6 文献小结

2.6.1 现有研究存在的问题与不足

通过对国内外文献进行梳理发现，目前已有许多涉及新能源汽车供应链优化策略和动力电池回收再利用问题的研究，针对新能源汽车产业政策背景、行业特征以及动态趋势进行了分析，并指出新能源汽车产业急需解决的关键问题，如新能源汽车生产和定价以及动力电池生产和回收再利用等，为本书研究内容的确定提供了有益的参考。另一方面，现有关于考虑信息分享的供应链优化策略和供应链产能分配策略的研究已比较成熟，为本书提供了理论与方法基础。然而，关于新能源汽车企业供应链运营决策的研究仍存在以下不足：

(1)缺乏从运营管理角度研究新能源汽车供应链的优化策略。从整体上看，现有的研究聚焦于探讨动力电池回收处理过程中的技术问题或回收再利用的经济和环境影响，缺乏对动力电池回收行业中制造商、零售商和第三方回收商等相关企业行为的深入挖掘，从而不利于从管理角度提出提高新能源汽车动力电池闭环供应链效率以及促进新能源汽车产业发展的有效对策。

(2)缺乏对双回收渠道竞争情形下闭环供应链优化策略的深入研究。在动力电池回收过程中，可能涉及众多具有竞争性的回收企业和渠道。然而当前的相关研究集中于探讨单回收渠道或独立的双回收渠道结构下的闭环供应链优化策略，对于动力电池回收过程中的渠道竞争因素及此背景下的决策优化问题缺乏足够关注。尤其是当存在差异性的回收渠道(如零售商相较于第三方回收商通常掌握更多的市场需求信息)时，相关研究还不够深入。

(3)没有考虑政府对动力电池回收环节进行补贴的情形。动力电池的回收问题是新能源汽车产业发展的关键问题之一，直接影响行业发展的前景。为此，各级政府出台了一系列相关政策促进动力电池的回收。然而，现有基于政府补贴的新能源汽车供应链优化策略的研究大多考虑政府对新能源汽车制造商生产环节进行补贴或对消费者进行补贴，少有文献考虑政府对动力电池回收环节的补贴，较少文献基于比较分析的视角研究两种补贴方式下新能源汽车动力电池闭环供应链中新能源汽车定价和动力电池回收优化策略的差异性。由此导致政府无法深刻理解不同补贴方式对于汽车制造商利润、新能源汽车市场占有率以及环境的影响，对于出台科学的行业补贴政策也构成了一定阻碍。

(4)局限于探究正向供应链中的产能分配策略，缺乏对闭环供应链中的产能分配策略的研究。在实践中，动力电池产能是决定新能源汽车制造商市场销量和竞争力的关键因素，也是当前新能源汽车行业的瓶颈问题。此外，动力电池的回收问题与产能分配问题密切相关，使得动力电池产能分配问题更加复杂化。然而，现有研究聚焦于探讨竞争或竞合关系下正向供应链中的产能分配策略，鲜有研究考虑闭环供应链中的产能分配策略。相关研究的不足使得动力电池产能分配管理实践缺乏科学有效的指导，从而不利于新能源汽车产业的长远发展。

2.6.2 本书切入点

为弥补现有研究的不足，本书运用博弈论方法，聚焦于在不同市场结构下探究新能源汽车企业供应链的优化策略，以期为新能源汽车企业的运营决策提供理论指导和实践参考。具体而言，本书将基于三种不同的市场结构分别展开研究：

（1）考虑信息分享的新能源汽车供应链运营决策。本书第 3 章在单个新能源汽车制造商垄断的市场结构下，基于回收竞争情形考虑需求信息不对称，探究零售商不同信息分享模式下新能源汽车供应链优化策略。

（2）基于政府补贴的新能源汽车供应链运营决策。本书第 4 章在新能源汽车制造商和燃油汽车制造商竞争的市场结构下，考虑政府提供车辆购置补贴和动力电池回收补贴，对比研究两种补贴方式下新能源汽车供应链优化策略。

（3）考虑竞合关系的新能源汽车供应链运营决策。本书第 5 章在两个新能源汽车制造商存在竞合关系的市场结构下，考虑动力电池回收这一重要的新能源汽车行业特征，研究新能源汽车供应链中动力电池产能分配与回收优化策略。

3 | 考虑信息分享的
新能源汽车供应链运营决策

3.1 引言

随着人们环保意识的不断加强，越来越多的行业开始重视废旧物品的回收再利用，其中比较典型的就是新能源汽车行业。动力电池作为新能源汽车最核心的部件，其有效寿命一般为 4~6 年，当电池容量衰减到初始容量的 80% 以下时，就需进行更换(Gu 等，2018)。据中国汽车技术研究中心预测，到 2025 年，我国新能源汽车动力电池累计退役量约为 78 万吨。从新能源汽车上退役的动力电池被回收后一般通过梯次利用(如储能和低速电动车等领域)或再制造的形式产生价值(Gu 等，2017；Tang 等，2018)。例如，由日产汽车和住友集团合资建立的 4R Energy 公司，其主营业务是销售和租赁日产 leaf 汽车的二手动力电池用于家庭和商业储能；美国新能源汽车制造商特斯拉开发的电池分别面向家庭和商业储能系统；德国 BOSCH 集团利用宝马纯电动汽车上退役的动力电池建造大型光伏站储能系统。我国在动力电池梯次利用方面也有了一些示范工程。例如，由中国电科院、国网北京市电力公司与北京交通大学共同完成的 100kWh 梯次利用储能系统的示范工程；国网浙江电力公司对退役的动力电池进行改组，用于电动自行车动力电源。为实现资源循环利用，促进新能源汽车产业的可持续发展，一些国家已经出台回收动力电池的相关政策。例如，我国在 2018 年 1 月发布的《新能源汽车动力蓄电池回收利用管理暂行办法》中，要求汽车生产企业承担动力蓄电池回收的主体责任。由于生产者责任延伸制度的驱使，一些新能源汽车制造商也开始回收退役的动力电池。例如，作为中国新能源汽车行业的领导者，比亚迪通过其 4S 店和专业的第三方动力电池回收商格林美两个渠道回收退役的动力电池用于再制造。

在新能源汽车行业，零售商(4S 店)在整个供应链中扮演着重要角色。在正向渠道中，零售商拥有新能源汽车新车的销售网络，相较制造商在获取产品市场需求、消费者采购行为信息上更有优势，因而掌握更多的市场需求信息(聂佳佳，2013)。在逆向渠道中，零售商从消费者处回收退役的动力电池并返还给制造商。在现实中，动力电池回收渠道多样化，新能源汽车制造商(如比亚迪)除了通过其零售商进行回收，还与专业的第三方动力电池回收商合作回收退役的动力电池。在此情形下，新能源汽车零售商和第三方动力电池回收商在动力电池回收市场中相互竞争。考虑需求信息不对称情形，新能源汽车零售商不同信息分享模式下最优的新能源汽车定价和动力电池回收策略如何？不同信息分享模式对供应链各成员企业的最优决策和利润有何影响？如何设计信息分享补偿机制激励零售商与制造商或第三方动力电池回收商分享其私有需求信息？这些问题都值得深入研究。

目前，闭环供应链相关研究中多是考虑单个回收渠道或者独立的双回收渠道（Savaskan 等，2004；Hong 等，2013；Chuang 等，2014；Shi 等，2015）。例如，Hong 等（2013）考虑由制造商、零售商和第三方回收商组成的闭环供应链，分别研究了制造商与零售商共同回收、零售商与第三方共同回收以及制造商与第三方共同回收三种双回收渠道模式下供应链各成员的最优决策。少量文献研究了回收竞争情形下的闭环供应链优化策略（Huang 等，2013；Liu 等，2017；He 等，2019）。例如，Huang 等（2013）考虑零售商与第三方回收商之间的回收竞争，探究了闭环供应链各成员的最优定价和回收策略。Liu 等（2017）探讨了双回收渠道竞争情形下的回收渠道选择问题，发现制造商与零售商共同回收的渠道模式最优。然而，这些研究忽略了信息不对称对闭环供应链优化策略的影响。

由于零售商比制造商掌握更多的市场需求信息，供应链中的信息分享问题也日益成为学术关注的焦点。大量文献研究了信息分享对正向供应链优化策略的影响（Li，1985；Li，2002；Zhang，2002；Li 和 Zhang，2008；Ha 等，2011；Li 等，2020）。随着生产者责任延伸制度的提出和回收再利用带来的经济与环境效益，闭环供应链中的信息分享问题也逐渐受到学者的关注（Huang 和 Wang，2017a；Huang 和 Wang，2017b；Huang 和 Wang，2020）。例如，Huang 和 Wang（2017a）研究了当零售商拥有私有需求信息时，基于回收再制造的闭环供应链中信息分享的价值。Huang 和 Wang（2017b）探讨了在技术许可条件下闭环供应链中信息分享的效益。

在总结现有研究成果基础上，本章同时考虑需求信息不对称和回收竞争情形，分别研究新能源汽车零售商不分享、与制造商分享和与第三方动力电池回收商分享其私有需求信息三种模式下的新能源汽车定价和动力电池回收优化策略，探究不同信息分享模式对供应链各成员企业最优决策和利润的影响，并设计激励零售商分享其私有需求信息的补偿机制。

3.2 模型描述

考虑由一个新能源汽车制造商、一个新能源汽车零售商和一个第三方动力电池回收商组成的闭环供应链。在正向渠道，新能源汽车制造商通过其零售商销售新能源汽车；在逆向渠道，新能源汽车零售商和第三方动力电池回收商在动力电池回收市场相互竞争，从消费者处回收退役的动力电池后返还给新能源汽车制造商用于再制造或梯次利用。新能源汽车的市场需求是随机的，零售商拥有私有需求信息，并决定是否与制造商或第三方回收商分享需求信息。如图 3.1 所示，分别考虑三种信息分享模式：图 3.1（a）中，零售商不分享私有需求信息；图 3.1（b）中，零售商与制造商分享私有需求信息；图 3.1（c）中，零售商与第三方动力电池回收商分享私有需求信息。

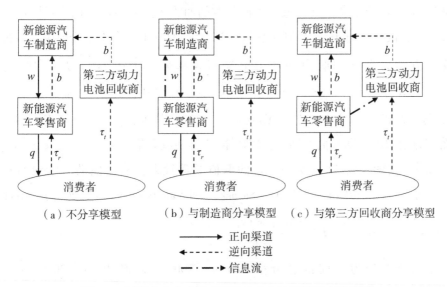

（a）不分享模型　　（b）与制造商分享模型　　（c）与第三方回收商分享模型

图 3.1　不同信息分享模式下的动力电池闭环供应链模型

在正向渠道中，逆需求函数为 $p = \alpha + \theta - q$。其中，$\alpha + \theta$ 为市场潜在规模，q 为新能源汽车的销量，p 为新能源汽车的销售价格。该逆需求函数广泛应用于相关文献中(Li，2002；Zhang，2002；Ha 等，2011；Li 等，2020)。α 为市场潜在规模的确定部分，θ 为市场潜在规模的不确定部分，随机变量 θ 的均值为 0，方差为 σ^2。假设零售商可以观察到关于 θ 的一个私有需求信号 Y。与 Li(1985)、Li(2002)、Zhang(2002)、Li 和 Zhang(2008)以及 Li 等(2020)等文献中的假设一致，需求信号 Y 满足以下性质：① Y 是 θ 的无偏估计，$E[Y] = E[\theta] = 0$；② $E[\theta \mid Y] = \dfrac{Y}{1+s}$；③ $E[Y^2] = (1+s)\sigma^2$。其中，$s = \dfrac{E[\mathrm{Var}[Y \mid \theta]]}{\mathrm{Var}[\theta]}$ 表示零售商观察需求信号的不准确度，s 越大表明零售商观察到的需求信号越不准确，s 越小表明零售商观察到的需求信号越准确。若零售商不分享私有需求信息 Y，则制造商和第三方动力电池回收商只能根据随机需求信息 θ 进行决策；若零售商与制造商(或第三方动力电池回收商)分享私有需求信息 Y，则制造商(或第三方动力电池回收商)可以根据随机需求信息 θ 和零售商的私有需求信息 Y 进行决策。

在逆向渠道中，动力电池回收率与回收方的投资成本有关，并且随着回收率增加，回收投资成本急剧增加(Savaskan 等，2004；Savaskan 和 Van Wassenhove，2006)。在回收竞争情形下，某一个回收方的回收率随着自己的回收投资成本增加而增加，随着其竞争对手的回收投资成本增加而减小。在本章研究中，零售商和第三方动力电池回收商的动力电池回收率分别为 $\tau_r = \sqrt{(I_r - kI_t)/C_L}$，$\tau_t = \sqrt{(I_t - kI_r)/C_L}$，这两个表达式在相关文献中被广泛使用(Huang 等，2013；Hong 等，2017；Liu 等，2017；Wang 等，2020)。其中，I_r 和 I_t 分别表示零售商和第三方动力电池回收商的回收投资成本，k 为回收竞争强度且 $0 < k < 1$，C_L 为回收投资成本系数。在现实中，C_L 的取值通常较大，从而使动力电池回收率 $\tau_r + \tau_t$ 小于 1(Savaskan 等，2004；Savaskan 和 Van Wassenhove，2006)。由此可得，$I_r = \dfrac{C_L(\tau_r^2 + k\tau_t^2)}{1 - k^2}$，$I_t = \dfrac{C_L(\tau_t^2 + k\tau_r^2)}{1 - k^2}$。

信息分享分为事前信息分享(Zhang，2002；Li 和 Zhang，2008；Li 等，2020)和事后信息分享(Anand 和 Goyal，2009；Shamir 和 Shin，2015)。本章研究事前信息分享情形，即在零售商观察到需求信号 Y 之前就要决定是否与制造商或第三方动力电池回收商分享其私有需求信息。供应链成员的博弈顺序为：第一阶段，零售商决定是否与制造商或第三方动力电池回收商分享私有需求信息；第二阶段，零售商观察到需求信号。基于第一阶段零售商是否分享私有需求信息的决策，制造商利用可得到的需求信息进行批发价决策；第三阶段，零售商根据私有需求信息决策新能源汽车销量和废旧动力电池回收率，第三方动力电池回收商利用可得到的需求信息决策废旧动力电池回收率。当真实需求发生后，制造商、零售商和第三方动力电池回收商分别获得相应的利润。博弈顺序如图3.2所示；模型中涉及的符号及其含义见表3.1。

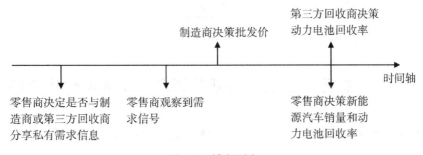

图 3.2　博弈顺序

表 3.1　　　　　　　　　　　　　　符号及其含义

决策变量	
w	新能源汽车制造商的批发价格
q	新能源汽车的销量
τ_r	新能源汽车零售商的废旧动力电池回收率
τ_t	第三方回收商的废旧动力电池回收率
其他符号	
p	新能源汽车零售商的销售价格
α	市场潜在规模的确定部分
θ	市场潜在规模的不确定部分
Y	零售商观察到的私有需求信号
C_L	回收投资成本系数
k	回收竞争强度
I_r	零售商的动力电池回收投资成本

其他符号	
I_t	第三方回收商的动力电池回收投资成本
b	新能源汽车制造商回收动力电池的转移支付价格
v	单位退役动力电池的价值
c	新能源汽车的单位生产成本
$\Pi_m/\Pi_r/\Pi_t$	新能源汽车制造商/新能源汽车零售商/第三方动力电池回收商的利润
$N/M/T$	上标，不分享/与制造商分享/与第三方回收商分享信息模型

3.3　不同信息分享模式下的新能源汽车供应链优化策略

本节分别研究零售商不分享信息、与制造商分享信息、与第三方回收商分享信息三种模式下供应链各成员企业的最优决策。由图 3.2 可知，制造商的批发价格决策、零售商的销量和回收率决策以及第三方回收商的回收率决策是在零售商观察到需求信号之后，因而这些决策可能与需求信号 Y 有关。然而，零售商在观察到需求信号之前，就需要决定是否与供应链其他成员分享信息，所以，供应链各成员企业的利润均为需求信号被观察之前的期望利润，即事前期望利润。在求解供应链各成员企业的期望利润时，需要对需求信号 Y 求期望。从形式上看，期望利润表达式中不包含 Y。这正是事前信息分享的主要特点（Li，1985；Li，2002；Zhang，2002；Li 和 Zhang，2008；Li 等，2020）。

3.3.1　不分享信息模式下的最优决策分析

在此模型中，零售商不与新能源汽车制造商和第三方动力电池回收商分享其私有需求信息。因此，零售商将根据市场需求信息和其私有信息进行决策，而制造商和第三方动力电池回收商只能根据市场需求信息进行决策。作为 Stackelberg 博弈的领导者，制造商首先制定批发价格 w，然后零售商选择其新能源汽车的销量 q 和动力电池回收率 τ_r，第三方动力电池回收商设定其回收率 τ_t。

制造商的期望利润函数见式(3.1)：

$$\max_{w} E(\Pi_m^N) = E\{[w - c + (v - b)(\tau_r + \tau_t)]q\} \tag{3.1}$$

零售商的期望利润函数见式(3.2)：

$$\max_{q,\tau_r} E(\Pi_r^N \mid Y) = E\left[(\alpha + \theta - q - w)q + b\tau_r q - \frac{C_L(\tau_r^2 + k\tau_t^2)}{1 - k^2} \middle| Y\right] \tag{3.2}$$

第三方动力电池回收商的期望利润函数见式(3.3)：

$$\max_{\tau_t} E(\Pi_t^N) = E\left[b\tau_t q - \frac{C_L(\tau_t^2 + k\tau_r^2)}{1 - k^2}\right] \tag{3.3}$$

上述利润最大化问题可采用逆向归纳法求解(Li 等，2020)。

定义 $X_1 = 8C_L + 2b(b - 2v)(1 - k^2)$，$X_2 = 4C_L - b^2(1 - k^2)$，$X_3 = 4C_L - b(4v - 3b)(1 - k^2)$。

引理 3.1描述了供应链各成员企业的最优决策以及期望利润。

引理 3.1：在零售商不分享信息模式下，供应链各成员企业的最优决策为：

$$w^{*N} = \frac{X_2 c + X_3 \alpha}{X_1}, \quad q^{*N} = \frac{2C_L}{X_2}\left[\frac{X_2(\alpha - c)}{X_1} + \frac{Y}{1 + s}\right], \quad \tau_r^{*N} = \frac{b(1 - k^2)}{X_2}\left[\frac{X_2(\alpha - c)}{X_1} + \frac{Y}{1 + s}\right],$$

$\tau_t^{*N} = \dfrac{b(1 - k^2)(\alpha - c)}{X_1}$。新能源汽车制造商、新能源汽车零售商和第三方动力

电池回收商的期望利润分别为：

$$E(\Pi_m^{*N}) = \frac{C_L(\alpha - c)^2}{X_1} + \frac{2b(v - b)C_L(1 - k^2)\sigma^2}{X_2^2(1 + s)},$$

$$E(\Pi_r^{*N}) = \frac{C_L[X_2 - b^2 k(1 - k^2)](\alpha - c)^2}{X_1^2} + \frac{C_L\sigma^2}{X_2(1 + s)},$$

$$E(\Pi_t^{*N}) = \frac{b^2 C_L(1 - k)(1 - k^2)(\alpha - c)^2}{X_1^2} - \frac{b^2 C_L(1 - k^2)k\sigma^2}{(1 + s)X_2^2}。$$

证明：由式(3.2)可知，$\dfrac{\partial^2 E(\Pi_r^N \mid Y)}{\partial q^2} = -2 < 0$，$\dfrac{\partial^2 E(\Pi_r^N \mid Y)}{\partial \tau_r^2} = \dfrac{-2C_L}{1 - k^2} < 0$，

$\dfrac{\partial^2 E(\Pi_r^N \mid Y)}{\partial q \partial \tau_r} = b > 0$，可得 $E(\Pi_r^N \mid Y)$ 关于 (q, τ_r) 的海塞矩阵 $H =$

$$\begin{bmatrix} \dfrac{\partial^2 E(\Pi_r^N \mid Y)}{\partial q^2} & \dfrac{\partial^2 E(\Pi_r^N \mid Y)}{\partial q \partial \tau_r} \\ \dfrac{\partial^2 E(\Pi_r^N \mid Y)}{\partial \tau_r \partial q} & \dfrac{\partial^2 E(\Pi_r^N \mid Y)}{\partial \tau_r^2} \end{bmatrix} = \begin{bmatrix} -2 & b \\ b & \dfrac{-2C_L}{1 - k^2} \end{bmatrix}。$$

当 $C_L > \dfrac{b^2(1-k^2)}{4}$ 时，有 $\dfrac{\partial^2 E(\Pi_r^N \mid Y)}{\partial q^2} = -2 < 0$ 和 $|H| = \dfrac{4C_L}{1-k^2} - b^2 > 0$，海

塞矩阵负定。可见，$E(\Pi_r^N \mid Y)$ 是关于 q 和 τ_r 的联合凹函数，存在唯一最优解。

分别求式（3.2）关于 q 和 τ_r 的一阶导数并令其等于零，有 $\dfrac{\partial E(\Pi_r^N \mid Y)}{\partial q} = \alpha +$

$E(\theta \mid Y) - 2q - w + b\tau_r = 0$，$\dfrac{\partial E(\Pi_r^N \mid Y)}{\partial \tau_r} = bq - \dfrac{2C_L\tau_r}{1-k^2} = 0$。可得：

$$q = \frac{2C_L[\alpha + E(\theta \mid Y) - w]}{4C_L - b^2(1-k^2)}, \quad \tau_r = \frac{b(1-k^2)[\alpha + E(\theta \mid Y) - w]}{4C_L - b^2(1-k^2)}。$$

由式（3.3）可知，$\dfrac{\partial^2 E(\Pi_t^N)}{\partial \tau_t^2} = \dfrac{-2C_L}{1-k^2} < 0$；于是，$E(\Pi_t^N)$ 是关于 τ_t 的凹函数，

存在唯一最优解。求式（3.3）关于 τ_t 的一阶导数并令其等于零，有 $\dfrac{\partial E(\Pi_t^N)}{\partial \tau_t} =$

$bE(q) - \dfrac{2C_L\tau_t}{1-k^2} = 0$。可得：$\tau_t = \dfrac{b(1-k^2)E(q)}{2C_L}$。

由 $E(Y) = 0$，$E(\theta \mid Y) = \dfrac{Y}{1+s}$，可得 $q = \dfrac{2C_L\left(\alpha + \dfrac{Y}{1+s} - w\right)}{4C_L - b^2(1-k^2)}$，$\tau_r = \dfrac{b(1-k^2)\left(\alpha + \dfrac{Y}{1+s} - w\right)}{4C_L - b^2(1-k^2)}$。

因此，有 $E(q) = \dfrac{2C_L(\alpha - w)}{4C_L - b^2(1-k^2)}$。$\tau_t = \dfrac{b(1-k^2)E(q)}{2C_L} = \dfrac{b(1-k^2)(\alpha - w)}{4C_L - b^2(1-k^2)}$。

将上述结果代入式（3.1），可得制造商的期望利润函数，见式（3.4）：

$$\max_w E(\Pi_m^N) = E\left\{\left[w - c + (v - b)\frac{b(1-k^2)\left(2\alpha + \dfrac{Y}{1+s} - 2w\right)}{4C_L - b^2(1-k^2)}\right]\frac{2C_L\left(\alpha + \dfrac{Y}{1+s} - w\right)}{4C_L - b^2(1-k^2)}\right\}$$

$$(3.4)$$

由于 $E\left[\dfrac{b(1-k^2)\left(2\alpha + \dfrac{Y}{1+s} - 2w\right)}{4C_L - b^2(1-k^2)}\dfrac{2C_L\left(\alpha + \dfrac{Y}{1+s} - w\right)}{4C_L - b^2(1-k^2)}\right] = \dfrac{2bC_L(1-k^2)\left[2(\alpha - w)^2 + \dfrac{\sigma^2}{1+s}\right]}{[4C_L - b^2(1-k^2)]^2}$，

因而有

$$\max_w E(\Pi_m^N) = (w - c) \frac{2C_L(\alpha - w)}{4C_L - b^2(1 - k^2)} + (v - b) \frac{2bC_L(1 - k^2)\left[2(\alpha - w)^2 + \dfrac{\sigma^2}{1 + s}\right]}{[4C_L - b^2(1 - k^2)]^2}$$

$$(3.5)$$

由式(3.5)可知，$\dfrac{\partial^2 E(\Pi_m^N)}{\partial w^2} = \dfrac{4C_L[b(2v - b)(1 - k^2) - 4C_L]}{[4C_L - b^2(1 - k^2)]^2} < 0$。当 $4C_L - b(2v - b)(1 - k^2) > 0$ 时，$E(\Pi_m^N)$ 是关于 w 的凹函数，存在唯一最优解。求式（3.5）关于 w 的一阶导数并令其等于零，有 $\dfrac{\partial E(\Pi_m^N)}{\partial w} = \dfrac{2C_L\{(\alpha + c - 2w)[4C_L - b^2(1 - k^2)] - 4b(v - b)(1 - k^2)(\alpha - w)\}}{[4C_L - b^2(1 - k^2)]^2} = 0$。可得：

$$w^{*N} = \frac{[4C_L - b^2(1 - k^2)]c + [4C_L - b(4v - 3b)(1 - k^2)]\alpha}{8C_L - 2b(2v - b)(1 - k^2)}。$$

定义 $X_1 = 8C_L - 2b(2v - b)(1 - k^2)$，$X_2 = 4C_L - b^2(1 - k^2)$，$X_3 = 4C_L - b(4v - 3b)(1 - k^2)$，则 $w^{*N} = \dfrac{X_2 c + X_3 \alpha}{X_1}$。根据上文中关于 C_L 的假设，可知，$X_1 > 0$，$X_2 > 0$，$X_3 > 0$。

将 w^{*N} 代入 $q = \dfrac{2C_L\left(\alpha + \dfrac{Y}{1 + s} - w\right)}{4C_L - b^2(1 - k^2)}$，$\tau_r = \dfrac{b(1 - k^2)\left(\alpha + \dfrac{Y}{1 + s} - w\right)}{4C_L - b^2(1 - k^2)}$，$\tau_t = \dfrac{b(1 - k^2)(\alpha - w)}{4C_L - b^2(1 - k^2)}$ 中，可得零售商和第三方回收商的最优决策为：$q^{*N} = \dfrac{2C_L}{X_2}\left[\dfrac{X_2(\alpha - c)}{X_1} + \dfrac{Y}{1 + s}\right]$，$\tau_r^{*N} = \dfrac{b(1 - k^2)}{X_2}\left[\dfrac{X_2(\alpha - c)}{X_1} + \dfrac{Y}{1 + s}\right]$，$\tau_t^{*N} = \dfrac{b(1 - k^2)(\alpha - c)}{X_1}$。

将供应链各成员的最优决策 w^{*N}，q^{*N}，τ_r^{*N}，τ_t^{*N} 代入式（3.1）~式（3.3）中，并对需求信号 Y 求期望，可得到新能源汽车制造商、新能源汽车零售商和第三方动力电池回收商的期望利润分别为：$E(\Pi_m^{*N}) = \dfrac{C_L(\alpha - c)^2}{X_1} + \dfrac{2b(v - b)C_L(1 - k^2)\sigma^2}{X_2^2(1 + s)}$，$E(\Pi_r^{*N}) = \dfrac{C_L[X_2 - b^2 k(1 - k^2)](\alpha - c)^2}{X_1^2} + \dfrac{C_L\sigma^2}{X_2^2(1 + s)}$，

$$E(\Pi_t^{*N}) = \frac{b^2 C_L (1-k)(1-k^2)(\alpha-c)^2}{X_1^2} - \frac{b^2 C_L(1-k^2)k\sigma^2}{(1+s)X_2^2}。$$

证毕。

引理 3.1 表明，零售商观察到需求信号的大小及准确度对于其决策和期望利润具有显著的影响。显然，当零售商观察到较大的市场需求信号时，其会增加销量，并设定较高的回收率从而通过回收获得更高的收益。此外，随着信号观察的准确度提高(s减小)，其销量和回收率随观察信号 Y 的变化呈现更大的波动性。当信号观察的准确度较低时(s 取值较大)，Y 相对而言是不可信的，因而 Y 对决策变量的影响程度越弱。考虑一种理想的极端情况，当 $s = 0$，即观察信号不存在任何误差的情况下，零售商会将观察到的信号 Y 完全替代市场需求的随机部分 θ，并进行相应决策。显然，更高的信号观察准确度意味着零售商可以获得更高的利润。对于制造商和第三方动力电池回收商而言，由于不能掌握零售商需求信号 Y 的信息，因而其决策与信号 Y 无关。随着零售商信号观察的准确度提高，制造商的期望利润增大，而第三方动力电池回收商的期望利润减小。

3.3.2 与制造商分享信息模式下的最优决策分析

在此模型中，零售商与新能源汽车制造商分享其私有需求信息，因此，制造商和零售商将根据市场需求信息和零售商的私有需求信息进行决策。与不分享信息模式类似，作为 Stackelberg 博弈的领导者，制造商首先制定批发价格 w，然后零售商选择其新能源汽车的销量 q 和动力电池回收率 τ_r，第三方动力电池回收商设定其回收率 τ_t。

制造商的期望利润函数见式(3.6)：

$$\max_{w} E(\Pi_m^M \mid Y) = E\{[w - c + (v-b)(\tau_r + \tau_t)]q \mid Y\} \tag{3.6}$$

零售商的期望利润函数见式(3.7)：

$$\max_{q,\,\tau_r} E(\Pi_r^M \mid Y) = E\left[(\alpha + \theta - q - w)q + b\tau_r q - \frac{C_L(\tau_r^2 + k\tau_t^2)}{1-k^2}\,\bigg|\, Y\right] \tag{3.7}$$

由于信息泄漏效应，第三方动力电池回收商可以通过观察制造商的批发价格 w 的值从而推断出零售商的私有需求信号 Y，因此，第三方回收商可根据零售商的私有需求信息进行决策(Li，2002；Zhang，2002；Li 等，2020)。换言之，当零售商与制造商分享其私有需求信息时，实质上是与制造商和第三方回收商同时分享其私有需求信息。

第三方动力电池回收商的期望利润函数见式(3.8)：

$$\max_{\tau_t} E(\Pi_t^M \mid Y) = E\left[b\tau_t q - \frac{C_L(\tau_t^2 + k\tau_r^2)}{1 - k^2} \,\middle|\, Y \right] \tag{3.8}$$

采用逆向归纳法求解上述利润最大化问题。

引理 3.2： 在零售商与制造商分享需求信息模式下，供应链各成员企业的最

优决策为：$w^{*M} = \dfrac{X_2 c + X_3 \alpha}{X_1} + \dfrac{X_3 Y}{X_1(1 + s)}$，$q^{*M} = \dfrac{2C_L}{X_1}\left(\alpha - c + \dfrac{Y}{1 + s}\right)$，$\tau_r^{*M} =$

$\dfrac{b(1 - k^2)}{X_1}\left(\alpha - c + \dfrac{Y}{1 + s}\right)$，$\tau_t^{*M} = \dfrac{b(1 - k^2)}{X_1}\left(\alpha - c + \dfrac{Y}{1 + s}\right)$。制造商、零售商和

第三方动力电池回收商的期望利润分别为：$E(\Pi_m^{*M}) = \dfrac{C_L}{X_1}\left[(\alpha - c)^2 + \dfrac{\sigma^2}{1 + s}\right]$，

$E(\Pi_r^{*M}) = \dfrac{C_L[X_2 - b^2 k(1 - k^2)]}{X_1^2}\left[(\alpha - c)^2 + \dfrac{\sigma^2}{1 + s}\right]$，$E(\Pi_t^{*M}) = \dfrac{b^2 C_L(1 - k)(1 - k^2)}{X_1^2}\left[(\alpha - c)^2 + \dfrac{\sigma^2}{1 + s}\right]$。

证明： 由式(3.7)可知，$\dfrac{\partial^2 E(\Pi_r^M \mid Y)}{\partial q^2} = -2 < 0$，$\dfrac{\partial^2 E(\Pi_r^M \mid Y)}{\partial \tau_r^2} = \dfrac{-2C_L}{1 - k^2} < 0$，

$\dfrac{\partial^2 E(\Pi_r^M \mid Y)}{\partial q \partial \tau_r} = b > 0$，可得 $E(\Pi_r^M \mid Y)$ 关于 (q, τ_r) 的海塞矩阵 $H =$

$$\begin{bmatrix} \dfrac{\partial^2 E(\Pi_r^M \mid Y)}{\partial q^2} & \dfrac{\partial^2 E(\Pi_r^M \mid Y)}{\partial q \partial \tau_r} \\ \dfrac{\partial^2 E(\Pi_r^M \mid Y)}{\partial \tau_r \partial q} & \dfrac{\partial^2 E(\Pi_r^M \mid Y)}{\partial \tau_r^2} \end{bmatrix} = \begin{bmatrix} -2 & b \\ b & \dfrac{-2C_L}{1 - k^2} \end{bmatrix}。$$

当 $C_L > \dfrac{b^2(1 - k^2)}{4}$ 时，有 $\dfrac{\partial^2 E(\Pi_r^M \mid Y)}{\partial q^2} = -2 < 0$ 和 $|H| = \dfrac{4C_L}{1 - k^2} - b^2 > 0$，

海塞矩阵负定。可见，$E(\Pi_r^M \mid Y)$ 是关于 q 和 τ_r 的联合凹函数，存在唯一最优解。

分别求式(3.7)关于 q 和 τ_r 的一阶导数并令其等于零，有 $\dfrac{\partial E(\Pi_r^M \mid Y)}{\partial q} = \alpha +$

$E(\theta \mid Y) - 2q - w + b\tau_r = 0$，$\dfrac{\partial E(\Pi_r^M \mid Y)}{\partial \tau_r} = bq - \dfrac{2C_L \tau_r}{1 - k^2} = 0$。可得：$q =$

$$\frac{2C_L[\alpha + E(\theta \mid Y) - w]}{4C_L - b^2(1 - k^2)}, \quad \tau_r = \frac{b(1 - k^2)[\alpha + E(\theta \mid Y) - w]}{4C_L - b^2(1 - k^2)}。$$

由式(3.8)可知，$\dfrac{\partial^2 E(\Pi_t^M \mid Y)}{\partial \tau_t^2} = \dfrac{-2C_L}{1 - k^2} < 0$；于是，$E(\Pi_t^M \mid Y)$ 是关于 τ_t 的凹函数，存在唯一最优解。求式(3.8)关于 τ_t 的一阶导数并令其等于零，有

$$\frac{\partial E(\Pi_t^M \mid Y)}{\partial \tau_t} = bE(q \mid Y) - \frac{2C_L \tau_t}{1 - k^2} = 0；\quad 可得：\tau_t = \frac{b(1 - k^2)E(q \mid Y)}{2C_L}。$$

由 $E(Y) = 0$，$E(\theta \mid Y) = \dfrac{Y}{1 + s}$，可得 $q = \dfrac{2C_L\left(\alpha + \dfrac{Y}{1 + s} - w\right)}{4C_L - b^2(1 - k^2)}$，$\tau_r =$

$$\frac{b(1 - k^2)\left(\alpha + \dfrac{Y}{1 + s} - w\right)}{4C_L - b^2(1 - k^2)}。\quad 因此，有 \quad E(q \mid Y) = \frac{2C_L\left(\alpha + \dfrac{Y}{1 + s} - w\right)}{4C_L - b^2(1 - k^2)}；\quad \tau_t =$$

$$\frac{b(1 - k^2)E(q \mid Y)}{2C_L} = \frac{b(1 - k^2)\left(\alpha + \dfrac{Y}{1 + s} - w\right)}{4C_L - b^2(1 - k^2)}。$$

将上述结果代入式(3.6)，可得制造商的期望利润函数，见式(3.9)：

$$\max_w E(\Pi_m^M \mid Y) = (w - c)\frac{2C_L\left(\alpha + \dfrac{Y}{1 + s} - w\right)}{4C_L - b^2(1 - k^2)} + (v - b)\frac{4bC_L(1 - k^2)\left(\alpha + \dfrac{Y}{1 + s} - w\right)^2}{[4C_L - b^2(1 - k^2)]^2}$$

$$(3.9)$$

由式(3.9)可知，$\dfrac{\partial^2 E(\Pi_m^M \mid Y)}{\partial w^2} = \dfrac{4C_L[b(2v - b)(1 - k^2) - 4C_L]}{[4C_L - b^2(1 - k^2)]^2} < 0$。因此，$E(\Pi_m^M \mid Y)$ 是关于 w 的凹函数，存在唯一最优解。求式(3.9)关于 w 的一阶导数并令其等于零，有

$$\frac{\partial E(\Pi_m^M \mid Y)}{\partial w} = \frac{2C_L\left\{\left(\alpha + c + \dfrac{Y}{1 + s} - 2w\right)[4C_L - b^2(1 - k^2)] - 4b(v - b)(1 - k^2)\left(\alpha + \dfrac{Y}{1 + s} - w\right)\right\}}{[4C_L - b^2(1 - k^2)]^2} = 0。$$

可得：

$$w^{*M} = \frac{[4C_L - b^2(1 - k^2)]c + [4C_L - b(4v - 3b)(1 - k^2)]\left(\alpha + \dfrac{Y}{1 + s}\right)}{8C_L - 2b(2v - b)(1 - k^2)} =$$

$$\frac{X_2 c + X_3 \alpha}{X_1} + \frac{X_3 Y}{X_1(1+s)}。$$

将 w^{*M} 代入 $q = \dfrac{2C_L\left(\alpha + \dfrac{Y}{1+s} - w\right)}{4C_L - b^2(1-k^2)}$，$\tau_r = \dfrac{b(1-k^2)\left(\alpha + \dfrac{Y}{1+s} - w\right)}{4C_L - b^2(1-k^2)}$，$\tau_t =$

$\dfrac{b(1-k^2)\left(\alpha + \dfrac{Y}{1+s} - w\right)}{4C_L - b^2(1-k^2)}$ 中，可得：$q^{*M} = \dfrac{2C_L}{X_1}\left(\alpha - c + \dfrac{Y}{1+s}\right)$，$\tau_r^{*M} =$

$\dfrac{b(1-k^2)}{X_1}\left(\alpha - c + \dfrac{Y}{1+s}\right)$，$\tau_t^{*M} = \dfrac{b(1-k^2)}{X_1}\left(\alpha - c + \dfrac{Y}{1+s}\right)$。

将 $w^*,q^{*M},\tau_r^{*M},\tau_t^{*M}$ 代入式（3.6）~式（3.8）中，并对 Y 求期望，分别可得到新能源汽车制造商、新能源汽车零售商和第三方动力电池回收商的期望利润：

$$E(\Pi_m^{*M}) = \frac{C_L}{X_1}\left[(\alpha-c)^2 + \frac{\sigma^2}{1+s}\right],\quad E(\Pi_r^{*M}) = \frac{C_L[X_2 - b^2k(1-k^2)]}{X_1^2}\left[(\alpha-c)^2 + \frac{\sigma^2}{1+s}\right],$$

$$E(\Pi_t^{*M}) = \frac{b^2 C_L(1-k)(1-k^2)}{X_1^2}\left[(\alpha-c)^2 + \frac{\sigma^2}{1+s}\right]。$$ 证毕。

引理 3.2 表明，由于信息分享和信息泄漏效应的影响，供应链中所有成员企业均可掌握零售商的需求信号 Y。因此，供应链中所有成员企业的最优决策均与需求信号 Y 及其准确度有关。显然，当零售商观察到较大的市场需求信号时，其会增加销量，并设定较高的回收率从而通过回收获得更高的收益。此外，随着信号观察的准确度提高，其销量和回收率随观察信号 Y 的变化呈现更大的波动性。当信号观察的准确度较低时，Y 相对而言是不可信的，因而对决策变量的影响程度越低。零售商的期望利润与 s 负相关，即不准确度的增加会降低零售商的期望利润。对于制造商和第三方动力电池回收商而言，Y 和 s 对其决策和期望利润的影响是类似的。当需求信号 Y 较大时，制造商的批发价和第三方动力电池回收商的回收率均提高，且随着信号观察的准确度提高，其决策随观察信号 Y 的变化呈现更大的波动性。类似地，随着需求信号观察的准确度提高，制造商和第三方动力电池回收商的期望利润均增加。

3.3.3 与第三方回收商分享信息模式下的最优决策分析

在此模型中，零售商与第三方动力电池回收商分享其私有需求信息。因此，零售商和第三方动力电池回收商将根据市场需求信息和零售商的私有信息进行决策，而制造商只能根据市场需求信息进行决策。类似地，作为 Stackelberg 博弈的领导者，制造商首先制定批发价格 w，然后零售商选择其新能源汽车的销量 q 和动力电池回收率 τ_r，第三方动力电池回收商设定其回收率 τ_t。

制造商的期望利润函数见式(3.10)：

$$\max_{w} E(\Pi_m^T) = E\{[w - c + (v - b)(\tau_r + \tau_t)]q\} \tag{3.10}$$

零售商的期望利润函数见式(3.11)：

$$\max_{q,\,\tau_r} E(\Pi_r^T \mid Y) = E\left[(\alpha + \theta - q - w)q + b\tau_r q - \frac{C_L(\tau_r^2 + k\tau_t^2)}{1 - k^2} \,\Big|\, Y\right] \tag{3.11}$$

第三方动力电池回收商的期望利润函数见式(3.12)：

$$\max_{\tau_t} E(\Pi_t^T \mid Y) = E\left[b\tau_t q - \frac{C_L(\tau_t^2 + k\tau_r^2)}{1 - k^2} \,\Big|\, Y\right] \tag{3.12}$$

采用逆向归纳法求解上述利润最大化问题。

引理 3.3： 在零售商与第三方动力电池回收商分享信息模式下，供应链各成员企业的最优决策为：$w^{*T} = \dfrac{X_2 c + X_3 \alpha}{X_1}$，$q^{*T} = \dfrac{2C_L}{X_2}\left[\dfrac{X_2(\alpha - c)}{X_1} + \dfrac{Y}{1 + s}\right]$，$\tau_r^{*T} = \dfrac{b(1 - k^2)}{X_2}\left[\dfrac{X_2(\alpha - c)}{X_1} + \dfrac{Y}{1 + s}\right]$，$\tau_t^{*T} = \dfrac{b(1 - k^2)}{X_2}\left[\dfrac{X_2(\alpha - c)}{X_1} + \dfrac{Y}{1 + s}\right]$。制造商、零售商和第三方动力电池回收商的期望利润分别为：$E(\Pi_m^{*T}) = C_L\left[\dfrac{(\alpha - c)^2}{X_1} + \dfrac{4b(v - b)(1 - k^2)\sigma^2}{X_2^2(1 + s)}\right]$，$E(\Pi_r^{*T}) = C_L[X_2 - b^2 k(1 - k^2)]\left[\dfrac{(\alpha - c)^2}{X_1^2} + \dfrac{\sigma^2}{X_2^2(1 + s)}\right]$，$E(\Pi_t^{*T}) = b^2 C_L(1 - k)(1 - k^2)\left[\dfrac{(\alpha - c)^2}{X_1^2} + \dfrac{\sigma^2}{X_2^2(1 + s)}\right]$。

证明： 由式(3.11)可知，$\dfrac{\partial^2 E(\Pi_r^T \mid Y)}{\partial q^2} = -2 < 0$，$\dfrac{\partial^2 E(\Pi_r^T \mid Y)}{\partial \tau_r^2} = \dfrac{-2C_L}{1 - k^2} < 0$，$\dfrac{\partial^2 E(\Pi_r^T \mid Y)}{\partial q \partial \tau_r} = b > 0$，可得 $E(\Pi_r^T \mid Y)$ 关于 (q, τ_r) 的海塞矩阵 $H = $

$$\begin{bmatrix} \dfrac{\partial^2 E(\Pi_r^T \mid Y)}{\partial q^2} & \dfrac{\partial^2 E(\Pi_r^T \mid Y)}{\partial q \partial \tau_r} \\ \dfrac{\partial^2 E(\Pi_r^T \mid Y)}{\partial \tau_r \partial q} & \dfrac{\partial^2 E(\Pi_r^T \mid Y)}{\partial \tau_r^2} \end{bmatrix} = \begin{bmatrix} -2 & b \\ b & \dfrac{-2C_L}{1 - k^2} \end{bmatrix}。$$

当 $C_L > \dfrac{b^2(1-k^2)}{4}$ 时，有 $\dfrac{\partial^2 E(\Pi_r^T \mid Y)}{\partial q^2} = -2 < 0$ 和 $|H| = \dfrac{4C_L}{1-k^2} - b^2 > 0$，海塞矩阵负定。可见，$E(\Pi_r^T \mid Y)$ 是关于 q 和 τ_r 的联合凹函数，存在唯一最优解。分别求式（3.11）关于 q 和 τ_r 的一阶导数并令其等于零，有 $\dfrac{\partial E(\Pi_r^T \mid Y)}{\partial q} = \alpha +$

$E(\theta \mid Y) - 2q - w + b\tau_r = 0$，$\dfrac{\partial E(\Pi_r^T \mid Y)}{\partial \tau_r} = bq - \dfrac{2C_L\tau_r}{1-k^2} = 0$。可得：$q = $

$\dfrac{2C_L[\alpha + E(\theta \mid Y) - w]}{4C_L - b^2(1-k^2)}$，$\tau_r = \dfrac{b(1-k^2)[\alpha + E(\theta \mid Y) - w]}{4C_L - b^2(1-k^2)}$。

由式（3.12）可知，$\dfrac{\partial^2 E(\Pi_t^T \mid Y)}{\partial \tau_t^2} = \dfrac{-2C_L}{1-k^2} < 0$。于是，$E(\Pi_t^T \mid Y)$ 是关于 τ_t 的凹函数，存在唯一最优解。求式（3.12）关于 τ_t 的一阶导数并令其等于零，有

$\dfrac{\partial E(\Pi_t^T \mid Y)}{\partial \tau_t} = bE(q \mid Y) - \dfrac{2C_L\tau_t}{1-k^2} = 0$。可得：$\tau_t = \dfrac{b(1-k^2)E(q \mid Y)}{2C_L}$。

由 $E(Y) = 0$，$E(\theta \mid Y) = \dfrac{Y}{1+s}$，可得 $q = \dfrac{2C_L\left(\alpha + \dfrac{Y}{1+s} - w\right)}{4C_L - b^2(1-k^2)}$，$\tau_r = $

$\dfrac{b(1-k^2)\left(\alpha + \dfrac{Y}{1+s} - w\right)}{4C_L - b^2(1-k^2)}$。因此，有 $E(q \mid Y) = \dfrac{2C_L\left(\alpha + \dfrac{Y}{1+s} - w\right)}{4C_L - b^2(1-k^2)}$；$\tau_t = $

$\dfrac{b(1-k^2)E(q \mid Y)}{2C_L} = \dfrac{b(1-k^2)\left(\alpha + \dfrac{Y}{1+s} - w\right)}{4C_L - b^2(1-k^2)}$。

将上述结果代入式（3.10），可得制造商的期望利润函数，见式（3.13）：

$$\max_w E(\Pi_m^T) = (w-c)\dfrac{2C_L(\alpha - w)}{4C_L - b^2(1-k^2)} + (v-b)\dfrac{4bC_L(1-k^2)\left[(\alpha-w)^2 + \dfrac{\sigma^2}{1+s}\right]}{[4C_L - b^2(1-k^2)]^2}$$

$$(3.13)$$

由式（3.13）可知，$\dfrac{\partial^2 E(\Pi_m^T)}{\partial w^2} = \dfrac{4C_L[b(2v-b)(1-k^2) - 4C_L]}{[4C_L - b^2(1-k^2)]^2} < 0$。可见，$E(\Pi_m^T)$ 是关于 w 的凹函数，存在唯一最优解。求式（3.13）关于 w 的一阶导数并令其

等于零，有 $\dfrac{\partial E(\Pi_m^T)}{\partial w} = \dfrac{2C_L\{(\alpha+c-2w)[4C_L-b^2(1-k^2)]-4b(v-b)(1-k^2)(\alpha-w)\}}{[4C_L-b^2(1-k^2)]^2} = 0$。可得：

$$w^{*T} = \frac{[4C_L-b^2(1-k^2)]c+[4C_L-b(4v-3b)(1-k^2)]\alpha}{8C_L-2b(2v-b)(1-k^2)} = \frac{X_2c+X_3\alpha}{X_1}。$$

将 w^{*T} 代入 $q = \dfrac{2C_L\left(\alpha+\dfrac{Y}{1+s}-w\right)}{4C_L-b^2(1-k^2)}$，$\tau_r = \dfrac{b(1-k^2)\left(\alpha+\dfrac{Y}{1+s}-w\right)}{4C_L-b^2(1-k^2)}$，$\tau_t =$

$\dfrac{b(1-k^2)\left(\alpha+\dfrac{Y}{1+s}-w\right)}{4C_L-b^2(1-k^2)}$ 中，可得：$q^{*T} = \dfrac{2C_L}{X_2}\left[\dfrac{X_2(\alpha-c)}{X_1}+\dfrac{Y}{1+s}\right]$，$\tau_r^{*T} =$

$\dfrac{b(1-k^2)}{X_2}\left[\dfrac{X_2(\alpha-c)}{X_1}+\dfrac{Y}{1+s}\right]$，$\tau_t^{*T} = \dfrac{b(1-k^2)}{X_2}\left[\dfrac{X_2(\alpha-c)}{X_1}+\dfrac{Y}{1+s}\right]$。

将 w^{*T}，q^{*T}，τ_r^{*T}，τ_t^{*T} 代入式(3.10)~式(3.12)中，并对 Y 求期望，分别可得到新能源汽车制造商、零售商和第三方动力电池回收商的期望利润：

$$E(\Pi_m^{*T}) = C_L\left[\frac{(\alpha-c)^2}{X_1}+\frac{4b(v-b)(1-k^2)\sigma^2}{X_2^2(1+s)}\right]，$$

$$E(\Pi_r^{*T}) = C_L[X_2-b^2k(1-k^2)]\left[\frac{(\alpha-c)^2}{X_1^2}+\frac{\sigma^2}{X_2^2(1+s)}\right]，$$

$$E(\Pi_t^{*T}) = b^2C_L(1-k)(1-k^2)\left[\frac{(\alpha-c)^2}{X_1^2}+\frac{\sigma^2}{X_2^2(1+s)}\right]。$$

证毕。

引理3.3表明，当零售商与第三方动力电池回收商分享其私有需求信息时，二者的回收投资成本和回收率相同。显然，当零售商观察到较大的市场需求信号时，其会增加订货量，并设定较高的回收率。此外，随着信号观察的准确度提高，其销量和回收率随观察信号 Y 的变化呈现更大的波动性。当信号观察的准确度越低，Y 相对而言是不可信的，因而 Y 对决策变量的影响程度越弱。对于第三方动力电池回收商而言，由于拥有 Y 的信息，因此其回收率决策受到 Y 和 s 的影响。当 Y 较大时，第三方动力电池回收商会提高其回收率，且随着信号观察的准确度提高，其回收率随观察信号 Y 的变化呈现更大的波动性；不准确度 s 增大会降低其期望利润。

总结上述结果，见表 3.2。其中，供应链各成员企业的期望利润均为事前期望利润，因此，其期望利润表达式中不包含 Y。

表 3.2　三种信息分享模式下供应链各成员企业的最优决策和期望利润

最优值	不分享信息	与制造商分享信息	与第三方回收商分享信息
w^*	$\dfrac{X_2 c + X_3 \alpha}{X_1}$	$\dfrac{X_2 c + X_3 \alpha}{X_1} + \dfrac{X_3 Y}{X_1(1+s)}$	$\dfrac{X_2 c + X_3 \alpha}{X_1}$
q^*	$\dfrac{2C_L}{X_2}\left[\dfrac{X_2(\alpha - c)}{X_1} + \dfrac{Y}{1+s}\right]$	$\dfrac{2C_L}{X_1}\left(\alpha - c + \dfrac{Y}{1+s}\right)$	$\dfrac{2C_L}{X_2}\left[\dfrac{X_2(\alpha - c)}{X_1} + \dfrac{Y}{1+s}\right]$
τ_r^*	$\dfrac{b(1-k^2)}{X_2}\left[\dfrac{X_2(\alpha - c)}{X_1} + \dfrac{Y}{1+s}\right]$	$\dfrac{b(1-k^2)}{X_1}\left(\alpha - c + \dfrac{Y}{1+s}\right)$	$\dfrac{b(1-k^2)}{X_2}\left[\dfrac{X_2(\alpha - c)}{X_1} + \dfrac{Y}{1+s}\right]$
τ_t^*	$\dfrac{b(1-k^2)(\alpha - c)}{X_1}$	$\dfrac{b(1-k^2)}{X_1}\left(\alpha - c + \dfrac{Y}{1+s}\right)$	$\dfrac{b(1-k^2)}{X_2}\left[\dfrac{X_2(\alpha - c)}{X_1} + \dfrac{Y}{1+s}\right]$
$E(\Pi_m^*)$	$\dfrac{C_L(\alpha - c)^2}{X_1} + \dfrac{2b(v - b)C_L(1-k^2)\sigma^2}{X_2^2(1+s)}$	$\dfrac{C_L}{X_1}\left[(\alpha - c)^2 + \dfrac{\sigma^2}{1+s}\right]$	$C_L\left[\dfrac{(\alpha - c)^2}{X_1} + \dfrac{4b(v - b)(1-k^2)\sigma^2}{X_2^2(1+s)}\right]$
$E(\Pi_r^*)$	$\dfrac{C_L[X_2 - b^2 k(1-k^2)](\alpha - c)^2}{X_1^2} + \dfrac{C_L \sigma^2}{X_2(1+s)}$	$\dfrac{C_L[X_2 - b^2 k(1-k^2)]}{X_1^2}\left[(\alpha - c)^2 + \dfrac{\sigma^2}{1+s}\right]$	$C_L[X_2 - b^2 k(1-k^2)]\left[\dfrac{(\alpha - c)^2}{X_1^2} + \dfrac{\sigma^2}{X_2^2(1+s)}\right]$
$E(\Pi_t^*)$	$\dfrac{b^2 C_L(1-k)(1-k^2)(\alpha - c)^2}{X_1^2} - \dfrac{b^2 C_L(1-k^2)k\sigma^2}{(1+s)X_2^2}$	$\dfrac{b^2 C_L(1-k)(1-k^2)}{X_1^2}\left[(\alpha - c)^2 + \dfrac{\sigma^2}{1+s}\right]$	$b^2 C_L(1-k)(1-k^2)\left[\dfrac{(\alpha - c)^2}{X_1^2} + \dfrac{\sigma^2}{X_2^2(1+s)}\right]$

注：$X_1 = 8C_L + 2b(b - 2v)(1-k^2) > 0$，$X_2 = 4C_L - b^2(1-k^2) > 0$，$X_3 = 4C_L - b(4v - 3b)(1-k^2) > 0$。

3.4　不同信息分享模式下的均衡结果比较

本节通过比较不同信息分享模式下供应链各成员企业的最优决策和期望利

润，探究信息分享的价值，并设计激励零售商分享需求信息的补偿机制。

3.4.1 供应链各成员企业的最优决策和期望利润比较

命题 3.1：三种信息分享模式下新能源汽车制造商的批发价格比较：

(1) 当 $Y \leqslant 0$ 时，$w^{*N} = w^{*T} \geqslant w^{*M}$；

(2) 当 $Y > 0$ 时，$w^{*N} = w^{*T} < w^{*M}$。

证明：由表 3.2 可知，$w^{*N} = w^{*T}$。由于 $w^{*M} - w^{*N} = \dfrac{X_3 Y}{X_1(1+s)}$，于是，当 $Y \leqslant 0$ 时，$w^{*N} = w^{*T} \geqslant w^{*M}$；当 $Y > 0$ 时，$w^{*N} = w^{*T} < w^{*M}$。

证毕。

命题 3.1 比较了三种信息分享模式下新能源汽车制造商的批发价格。研究结果表明：在制造商不知道零售商私有需求信号的两种情形下，其制定的批发价格相等。如果零售商观察到一个负的市场需求信号并与制造商分享，则制造商对市场需求不确定部分的期望更新为负，从而使其制定的批发价格比没有信息分享的情况下更低。反之，当需求信号为正时，制造商的批发价格在零售商与其分享信息时更高。

命题 3.2：三种信息分享模式下新能源汽车零售商的销量比较：

(1) 当 $Y \leqslant 0$ 时，$q^{*N} = q^{*T} \leqslant q^{*M}$；

(2) 当 $Y > 0$ 时，$q^{*N} = q^{*T} > q^{*M}$。

证明：由表 3.2 可知，$q^{*N} = q^{*T}$。由于 $q^{*M} - q^{*N} = -\dfrac{2C_L X_3 Y}{X_1 X_2(1+s)}$，因而当 $Y \leqslant 0$ 时，$q^{*N} = q^{*T} \leqslant q^{*M}$；当 $Y > 0$ 时，$q^{*N} = q^{*T} > q^{*M}$。

证毕。

命题 3.2 比较了三种信息分享模式下新能源汽车零售商的销量。研究发现：如命题 3.1 所示，当零售商不分享或与第三方动力电池回收商分享其私有需求信息时，由于两种情形下制造商设定相同的批发价格，因而零售商的销量也相同。此外，若零售商与制造商分享一个负的需求信号，会导致制造商设定更低的批发价格，从而使得零售商的销量更大；反之，正的需求信号使得零售商的销量更小。

命题 **3.3**：三种信息分享模式下零售商和第三方动力电池回收商的回收率比较：

（1）当 $Y \leqslant 0$ 时，$\tau_r^{*N} = \tau_r^{*T} \leqslant \tau_r^{*M}$，$\tau_t^{*N} \geqslant \tau_t^{*M} \geqslant \tau_t^{*T}$；

（2）当 $Y > 0$ 时，$\tau_r^{*N} = \tau_r^{*T} > \tau_r^{*M}$，$\tau_t^{*N} < \tau_t^{*M} < \tau_t^{*T}$。

证明：由表 3.2 可知，$\tau_r^{*N} = \tau_r^{*T}$。

（1）当 $Y \leqslant 0$ 时，$\tau_r^{*N} - \tau_r^{*M} = \dfrac{b(1-k^2)X_3 Y}{(1+s)X_1 X_2} \leqslant 0$，$\tau_t^{*N} - \tau_t^{*T} = \dfrac{b(-1+k^2)Y}{(1+s)X_2} \geqslant 0$，

$\tau_t^{*N} - \tau_t^{*M} = \dfrac{b(-1+k^2)Y}{(1+s)X_1} \geqslant 0$，$\tau_t^{*T} - \tau_t^{*M} = \dfrac{b(1-k^2)X_3 Y}{(1+s)X_1 X_2} \leqslant 0$。因此，可得 $\tau_r^{*N} = $

$\tau_r^{*T} \leqslant \tau_r^{*M}$，$\tau_t^{*N} \geqslant \tau_t^{*M} \geqslant \tau_t^{*T}$；

（2）当 $Y > 0$ 时，$\tau_r^{*N} = \tau_r^{*T} > \tau_r^{*M}$，$\tau_t^{*N} < \tau_t^{*M} < \tau_t^{*T}$。

证毕。

命题 3.3 比较了三种信息分享模式下零售商和第三方动力电池回收商的回收率。在零售商不分享或与第三方动力电池回收商分享其私有需求信息时，由于制造商没有改变其决策，因而两种模式下零售商的回收率相同。当需求信号为负时，与制造商分享信息模式下零售商的回收率最高，此时的销量也最大；对于第三方动力电池回收商来说，在不分享信息模式下其回收率最高，在零售商与其分享信息模式下回收率最低。当需求信号为正时，结论相反。

命题 **3.4**：三种信息分享模式下制造商的期望利润比较：$E(\Pi_m^{*N}) < E(\Pi_m^{*T}) < E(\Pi_m^{*M})$。

证明：$E(\Pi_m^{*N}) - E(\Pi_m^{*T}) = -\dfrac{2b(1-k^2)(v-b)\sigma^2 C_L}{(1+s)X_2^2} < 0$，$E(\Pi_m^{*N}) - E(\Pi_m^{*M}) = $

$\dfrac{[-X_2^2 + 2b(1-k^2)X_1(v-b)]\sigma^2 C_L}{(1+s)X_1 X_2^2}$，$E(\Pi_m^{*T}) - E(\Pi_m^{*M}) = \dfrac{[-X_2^2 + 4b(1-k^2)X_1(v-b)]\sigma^2 C_L}{(1+s)X_1 X_2^2}$。

根据 X_1 和 X_2 的表达式，有 $X_2 = \dfrac{1}{2}X_1 + 2b(v-b)(1-k^2)$，代入可以得到：

$-X_2^2 + 2b(1-k^2)X_1(v-b) = \dfrac{-X_1^2}{4} - 4b^2(v-b)^2(1-k^2)^2 < 0$。因此，$E(\Pi_m^{*N}) - $

$E(\Pi_m^{*M}) < 0$。类似地，可以得到 $-X_2^2 + 4b(1-k^2)X_1(v-b) = $

55

$$-\left[\frac{X_1}{2}-2b(v-b)(1-k^2)\right]^2<0_{\circ}\ \text{于是，可得}\ E(\Pi_m^{*T})-E(\Pi_m^{*M})<0_{\circ}$$

综上所述，$E(\Pi_m^{*N})<E(\Pi_m^{*T})<E(\Pi_m^{*M})$。

证毕。

命题 3.4 比较了三种信息分享模式下新能源汽车制造商的期望利润。研究表明：制造商从信息分享中获益，在没有信息分享的情况下，其期望利润最小。此外，如果零售商与其分享需求信息，制造商的期望利润最大。总而言之，信息分享越直接，制造商获得的期望利润就越大。

命题 3.5：三种信息分享模式下第三方动力电池回收商的期望利润比较：$E(\Pi_t^{*N})<E(\Pi_t^{*M})<E(\Pi_t^{*T})$。

证明：由于 $E(\Pi_t^{*N})-E(\Pi_t^{*T})=b^2C_L(1-k)(1-k^2)\dfrac{-\sigma^2}{X_2^2(1+s)}-$

$\dfrac{b^2C_L(1-k^2)k\sigma^2}{(1+s)X_2^2}<0$，$E(\Pi_t^{*N})-E(\Pi_t^{*M})=\dfrac{b^2C_L(1-k)(1-k^2)}{X_1^2}\dfrac{-\sigma^2}{X_2^2(1+s)}-$

$\dfrac{b^2C_L(1-k^2)k\sigma^2}{(1+s)X_2^2}<0$，$E(\Pi_t^{*T})-E(\Pi_t^{*M})=b^2C_L(1-k)(1-k^2)\dfrac{(X_1+X_2)X_3}{(1+s)X_1^2X_2^2}>0_{\circ}$

因此，可得：$E(\Pi_t^{*N})<E(\Pi_t^{*M})<E(\Pi_t^{*T})$。

证毕。

命题 3.5 比较了三种信息分享模式下第三方动力电池回收商的期望利润。与命题 3.4 类似，第三方回收商也从信息分享中获益，在没有信息分享的情形下，其期望利润最小。有趣的是，即使由于批发价格的泄露效应，虽然第三方回收商能够推导出零售商与制造商分享信息模式下的市场需求信号，但在零售商与其分享信息模式下，第三方回收商获得了更大的期望利润。总而言之，对于第三方动力电池回收商而言，直接信息分享优于间接信息分享，最差的情形是无信息分享。

定理 3.1：三种信息分享模式下零售商的期望利润比较：$E(\Pi_r^{*N})>E(\Pi_r^{*T})>E(\Pi_r^{*M})$。

证明：$E(\Pi_r^{*N})-E(\Pi_r^{*T})=C_Lb^2k(1-k^2)\dfrac{\sigma^2}{X_2^2(1+s)}>0$，$E(\Pi_r^{*T})-E(\Pi_r^{*M})$

$$= \frac{\sigma^2 C_L [b^2 k(-1 + k^2) + X_2](X_1^2 - X_2^2)}{(1 + s)X_1^2 X_2^2} > 0_\circ \quad \text{因此，有} \ E(\Pi_r^{*N}) > E(\Pi_r^{*T}) >$$

$E(\Pi_r^{*M})_\circ$

证毕。

由定理 3.1 可知，零售商在不分享信息模式下的期望利润最大，因而其没有动机分享私有需求信息。这一结论与 Li(2002) 和 Li 等(2020) 的结论一致，表明零售商不愿意与供应链其他成员企业分享自己的私有需求信息以保持信息优势。此外，零售商与第三方动力电池回收商分享需求信息模式下的期望利润要高于与制造商分享信息模式下的期望利润。由此可见，即使零售商与第三方动力电池回收商存在水平竞争，但相较于垂直信息分享，水平信息分享对零售商更有利。

3.4.2 信息分享补偿机制

由命题 3.4，命题 3.5 和定理 3.1 可知，零售商没有动机和供应链其他成员企业分享其私有需求信息，但信息分享对制造商和第三方动力电池回收商更有利。基于此，本小节研究如何设计信息分享补偿机制，以激励零售商分享其私有需求信息。

定理 3.2：激励零售商分享私有需求信息的补偿机制如下：

(1)通过设计补偿机制可以激励零售商与第三方动力电池回收商分享信息，第三方动力电池回收商补偿给零售商的金额至少是 $\dfrac{b^2 k(1 - k^2)\sigma^2 C_L}{(1 + s)X_2^2}$；

(2)当 $(X_2^2 - X_1^2 + X_1 X_2)X_2 - 2b(1 - k^2)(v - b)X_1^2 - b^2 k(1 - k^2)X_2^2 > 0$ 时，通过设计补偿机制可以激励零售商与制造商分享信息，制造商补偿给零售商的金额至少是 $\dfrac{\sigma^2 C_L \{X_1^2 - X_2 [X_2 - b^2 k(1 - k^2)]\}}{(1 + s)X_1^2 X_2}$。

证明：(1) $[E(\Pi_r^{*T}) + E(\Pi_t^{*T})] - [E(\Pi_r^{*N}) + E(\Pi_t^{*N})] = \dfrac{b^2(-1 + k)^2(1 + k)\sigma^2 C_L}{(1 + s)X_2^2} > 0$，

又 $E(\Pi_r^{*T}) - E(\Pi_r^{*N}) = -\dfrac{b^2 k(1 - k^2)\sigma^2 C_L}{(1 + s)X_2^2} < 0$ 且 $E(\Pi_t^{*T}) - E(\Pi_t^{*N}) = \dfrac{b^2(1 - k^2)\sigma^2 C_L}{(1 + s)X_2^2} > 0_\circ$

有效的补偿机制需要保证信息分享后双方的利润都高于不分享情形下的利

润。定义 δ_1 为第三方动力电池回收商补偿给零售商的金额，需要保证 $E(\Pi_r^{*T}) + \delta_1 > E(\Pi_r^{*N})$ 且 $E(\Pi_t^{*T}) - \delta_1 > E(\Pi_t^{*N})$。通过简单的数学运算，可以得到

$$\frac{b^2 k(1-k^2)\sigma^2 C_L}{(1+s)X_2^2} < \delta_1 < \frac{b^2(1-k^2)\sigma^2 C_L}{(1+s)X_2^2}。$$

(2) $\left[E(\Pi_r^{*M}) + E(\Pi_m^{*M}) \right] - \left[E(\Pi_r^{*N}) + E(\Pi_m^{*N}) \right]$

$$= \frac{\sigma^2 C_L \{ -2b^2(-1+k^2)X_1^2 + [-1+2b(-1+k^2)]X_1^2 X_2 + [b^2 k(-1+k^2) + X_1]X_2^2 + X_2^3 \}}{(1+s)X_1^2 X_2^2}$$

$$\sim X_2(-X_1^2 + X_1 X_2 + X_2^2) - (1-k^2)[kX_2^2 b^2 + 2bX_1^2(v-b)]$$

当 $(X_2^2 - X_1^2 + X_1 X_2)X_2 - 2b(1-k^2)(v-b)X_1^2 - b^2 k(1-k^2)X_2^2 > 0$ 时，有 $E(\Pi_r^{*M}) + E(\Pi_m^{*M}) > E(\Pi_r^{*N}) + E(\Pi_m^{*N})$；反之，$E(\Pi_r^{*M}) + E(\Pi_m^{*M}) \leqslant E(\Pi_r^{*N}) + E(\Pi_m^{*N})$。

需要注意的是，当 C_L 取值很大时，如 $C_L > (1-k^2)b(12v-11b)/4$，容易得到 $X_2^2 - X_1^2 + X_1 X_2 < 0$；此时，$E(\Pi_r^{*M}) + E(\Pi_m^{*M}) < E(\Pi_r^{*N}) + E(\Pi_m^{*N})$。

当 $(X_2^2 - X_1^2 + X_1 X_2)X_2 - 2b(1-k^2)(v-b)X_1^2 - b^2 k(1-k^2)X_2^2 > 0$ 时，有效的补偿机制需要保证信息分享后双方的利润都高于不分享的情形。定义 δ_2 为制造商补偿给零售商的金额，需要保证 $E(\Pi_r^{*M}) + \delta_2 > E(\Pi_r^{*N})$ 且 $E(\Pi_m^{*M}) - \delta_2 > E(\Pi_m^{*N})$。通过简单的数学运算，可以得到 $\dfrac{\sigma^2 C_L \{ X_1^2 - X_2[X_2 - b^2 k(1-k^2)] \}}{(1+s)X_1^2 X_2}$

$< \delta_2 < \dfrac{\sigma^2 C_L [X_2^2 - 2b(1-k^2)X_1(v-b)]}{(1+s)X_1 X_2^2}$。证毕。

定理 3.2 表明，第三方动力电池回收商可以通过设计补偿机制激励零售商分享需求信息，并且补偿给零售商的金额必须能够弥补信息分享给零售商带来的损失。在该补偿机制下，是否分享信息对零售商而言没有差异，但对第三方动力电池回收商更有利。此外，在满足一定条件下，制造商也可以通过设计补偿机制激励零售商分享需求信息。在该补偿机制下，是否分享信息对零售商而言也无差异，但对制造商更有利。

3.5 算例分析

本节通过数值实验分析关键参数对供应链各成员企业最优决策和期望利润的

影响。在选择基本参数时，首先应考虑模型中决策变量的取值范围(例如，相关定价决策取值需要为正，市场需求为正以及回收率需在(0，1)区间等)以及分析结果的直观性等因素。在参数取值上，参考 Shao 等(2017)设置的市场需求与新能源汽车生产成本之间的数值关系并进行适当变换，设定市场潜在规模 $\alpha = 20$，新能源汽车单位生产成本 $c = 6$；基于《2019 年中国动力电池发展报告》的数据，由于动力电池生产成本占新能源汽车整车成本的30%~40%，因而设定单位废旧动力电池的价值 $v = 2$，转移支付价格 $b = 1$；参考 Li 等(2020)，设定标准差 $\sigma = 5$，需求信号不准确度 $s = 1$；参考回收竞争的相关文献(Huang 等，2013；Hong 等，2017；Liu 等，2017；Wang 等，2020)，回收竞争强度在(0，1)范围内，因而设定 $k = 0.5$；参考闭环供应链相关文献(Savaskan 等，2004；Savaskan 和 Van Wassenhove，2006；Chuang 等，2014；Han 等，2017；舒秘和聂佳佳，2015；郑本荣等，2018)，设定回收投资成本系数 $C_L = 4$。此外，为了增加数值实验结果的可靠性，在部分算例中设置多组参数，并通过对比分析验证其结果。三种不同信息分享模式(不分享、与制造商分享、与第三方回收商分享)分别表示为模型 N、模型 M 和模型 T。

3.5.1 关键参数对供应链各成员企业最优决策的影响

本小节分析需求信号对最优批发价格、新能源汽车销量、零售商和第三方回收商动力电池回收率的影响。在此算例中，设定需求信号 Y 在 [- 2，2] 区间内变动，并观察上述最优决策的变化。

需求信号对制造商批发价格的影响如图 3.3 所示，从中可知需求信号对于不同信息分享模式下的批发价格影响存有差异。具体来说，在零售商不分享和与第三方回收商分享信息两种模式下，制造商的批发价格相同，且与需求信号无关，即模型 N 和模型 T 的两条实线重合。在与制造商分享信息模式下，批发价格随需求信号 Y 的增加而线性增加。当 Y 为负值时，与制造商分享信息模式下的批发价格低于其他两种模式下的批发价格；反之，当 Y 为正值时，批发价格高于其他两种模式下的批发价格。

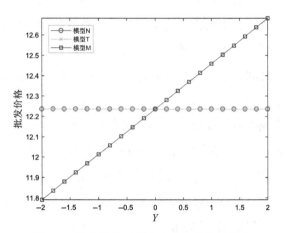

图 3.3　需求信号对制造商批发价格的影响

需求信号对零售商销量的影响如图 3.4 所示。在三种信息分享模式下，销量都是关于需求信号 Y 的单调递增函数。不分享和与第三方回收商分享信息两种模式下零售商的销量相同，即模型 N 和模型 T 的两条实线重合。当 Y 为负值时，与制造商分享信息模式下零售商的销量最高；当 Y 为正值时，与制造商分享信息模式下零售商的销量最低。

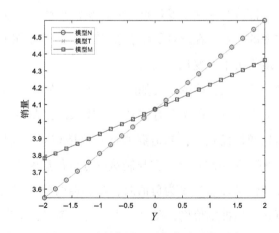

图 3.4　需求信号对零售商销量的影响

需求信号对废旧动力电池回收率的影响如图 3.5 所示，从中可以发现：①零售商的回收率为需求信号 Y 的线性递增函数。不分享信息和与第三方回收商分享信息两种模式下零售商的回收率相同，即图 3.5 中模型 N 和模型 T 的两条实线重合，且与制造商分享信息模式下的回收率的关系取决于 Y 的取值。当 Y 为负值时，与制造商分享信息模式下的回收率最高；当 Y 为正值时，与制造商分享信息模式下的回收率最低。②在不分享信息模式下，第三方回收商的回收率与需求信号 Y 无关；在与制造商和第三方回收商分享信息模式下，第三方回收商的回收率是关于需求信号 Y 的单调递增函数。当 Y 为负值时，不分享信息模式下的回收率最高；当 Y 为正值时，不分享信息模式下的回收率最低。

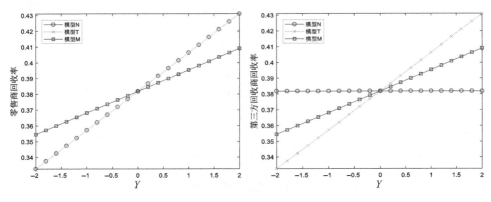

图 3.5　需求信号对动力电池回收率的影响

3.5.2　关键参数对供应链各成员企业期望利润的影响

本小节分析模型中的关键参数对零售商、制造商和第三方回收商期望利润的影响。具体来说，当关键参数发生变化时，以不分享信息模式下的期望利润为基准，分析其他两种信息分享模式下供应链各成员企业期望利润的变化。

首先，分析转移支付价格 b 对供应链各成员企业期望利润的影响。图 3.6 描述了转移支付价格对零售商期望利润的影响，从中可以发现：①零售商与制造商分享需求信息会造成其利润损失，且利润损失与转移支付价格 b 有关。当 b 增加时，零售商的利润损失额呈现先减小后增大的趋势。与之不同的是，零售商与第三方回收商分享需求信息造成的利润损失随 b 的增加而增加。②在不同信息分享模式下，回收竞争强度 k 的作用也不相同。在与制造商分享信息模式下，零售商的利润损失额基本随着 k 的增加而增加。换言之，回收竞争越激烈，零售商与制造商分享需求信息对其造成的利润损失越严重；此时，零售商与制造商分享需求信息的动机越弱。与之不同的是，在与第三方回收商分享信息模式下，可以观察到 $k = 0.50$ 时，零售商的利润损失高于 $k = 0.25$ 和 $k = 0.75$ 的情形。这意味着，当回收竞争强度处于中等程度时，零售商与第三方回收商分享需求信息对其造成的利润损失最大，因而零售商与第三方回收商分享需求信息的动机最弱。

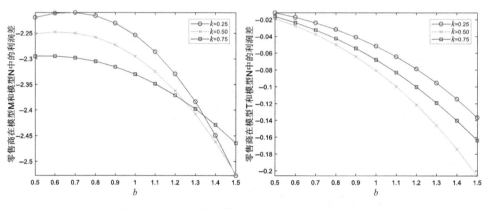

图 3.6　转移支付价格对零售商期望利润的影响

转移支付价格对制造商期望利润的影响如图 3.7 所示，从中可以发现：①相比于不分享信息模式，无论零售商与制造商还是与第三方回收商分享需求信息，制造商的利润均能增加。在零售商与制造商分享信息模式下，制造商的利润增加额随着 b 的增加而不断增加。与之不同的是，在零售商与第三方回收商分享信息模式下，制造商的利润增加额随着 b 的增加呈现先增加后减小的趋势。从右图可以发现，当 $b = 1.1$ 时，制造商的利润增加额达到最大值。②在不同信息分享模式下，回收竞争强度 k 对制造商利润增加额的影响不同。在零售商与制造商分享信息模式下，k 的作用受到 b 的影响。当 b 较小时，制造商的利润增加额随 k 的增加而增加；当 b 较大时，制造商的利润增加额随 k 的增加而减小。与之不同的是，在零售商与第三方回收商分享信息模式下，制造商的利润增加额随 k 的增加而减小，其影响与 b 无关。

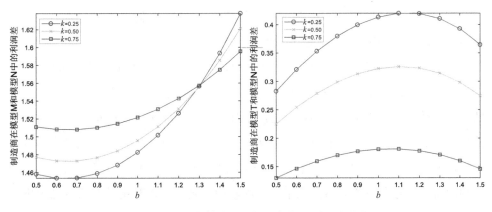

图 3.7 转移支付价格对制造商期望利润的影响

转移支付价格对第三方回收商期望利润的影响如图 3.8 所示，从中可以发现：①相比于不分享信息模式，无论零售商与制造商还是与第三方回收商分享需求信息，第三方回收商的利润均增加。在两种信息分享模式下，第三方回收商的利润增加额随 b 的增加而不断增加。②在不同信息分享模式下，回收竞争强度 k 对于第三方回收商利润增加额的影响不同。具体来说，在零售商与制造商分享信息模式下，对于给定的 b，第三方回收商的利润增加额在回收竞争强度高（$k = 0.75$）时最低，回收竞争强度中等（$k = 0.50$）时的利润增加额略高于回收竞争强度低（$k = 0.25$）时的利润增加额；在零售商与第三方回收商分享信息模式下，对于给定的 b，第三方回收商的利润增加额随 k 的增加而降低。

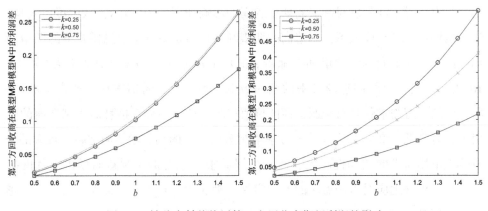

图 3.8 转移支付价格对第三方回收商期望利润的影响

　　其次,分析需求信号不准确度 s 对供应链各成员企业期望利润的影响。其中, σ 为市场潜在规模不确定部分 θ 的标准差。

　　需求信号不准确度对零售商期望利润的影响如图 3.9 所示,从中可以发现: ①当零售商与制造商或第三方回收商分享信息时,其损失的利润随 s 的增加而降低。换句话说,当需求信号的不准确度增加,零售商将不准确的信息分享给供应链其他成员,给自己带来的负面影响相对较低。② σ 越大,零售商因分享信息造成的损失越大。较大的 σ 意味着市场需求的波动性越大;此时,若零售商不将观察到的需求信号分享给制造商或第三方回收商,则其可以利用私有信息做出更好的决策。因此, σ 越大,零售商与供应链其他成员分享信息的动机越弱。

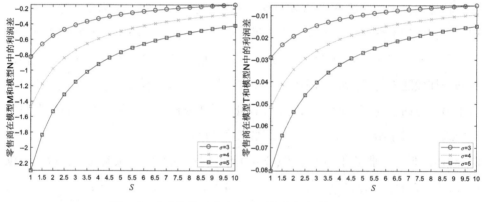

图 3.9　需求信号不准确度对零售商期望利润的影响

　　需求信号不准确度对制造商期望利润的影响如图 3.10 所示,从中可以发现: ①在两种信息分享模式下,制造商的期望利润均高于不分享信息模式下的期望利润。此外,制造商利润的增加额随着 s 的增加而减少。当 s 取值非常大(如 $s=10$)时,信息分享给制造商带来的利润极低。换言之,若需求信号非常不准确,零售商的私有需求信息对于制造商的价值很小。此时,分享信息对于制造商的吸引力显著降低。② σ 越大,信息分享给制造商带来的利润增加额越高。较大的 σ 意味着市场需求的波动性越大,此时了解需求信息有助于制造商做出更优的决策,从而更好地应对市场需求的不确定性。换言之, σ 越大,需求信息的价值越高,因而制造商更希望零售商与之分享需求信息。

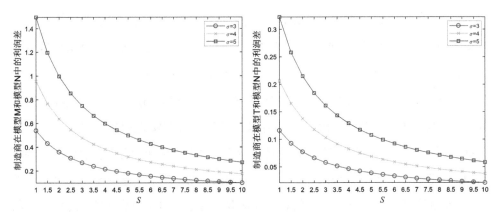

图 3.10　需求信号不准确度对制造商期望利润的影响

　　需求信号不准确度对第三方动力电池回收商期望利润的影响如图 3.11 所示，从中可以发现：①在两种信息分享模式下，第三方回收商的期望利润均高于不分享信息模式下的期望利润。此外，第三方回收商的利润增加额随着 s 的增加而减少。当 s 取值非常大(如 $s=10$)时，第三方回收商的期望利润与无信息分享情形下的期望利润已经较为接近。换言之，若需求信号非常不准确，信息分享对于第三方回收商的价值已经显著降低。此时，分享信息对于第三方回收商的吸引力降低。② σ 越大，第三方回收商因信息分享带来的利润增加额越高。这意味着，σ 越大，需求信息对第三方回收商的价值越高，所以，第三方回收商更希望零售商与之分享需求信息。

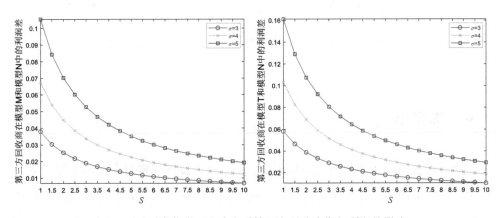

图 3.11　需求信号不准确度对第三方回收商期望利润的影响

最后，分析回收投资成本系数 C_L 对信息分享双方总利润的影响。以不分享信息模式为基准，分析当 C_L 变化时，零售商与制造商或第三方回收商分享信息对二者总利润的影响，结果如图 3.12 所示，从中可知：①随着 C_L 增加，信息分享带来的价值逐渐降低。当 C_L 较小时，零售商与制造商分享信息使得双方总利润高于不分享信息模式下的总利润，此时双方可以通过补偿机制实现信息共享。然而，当 C_L 较大时，零售商与制造商分享信息使得双方的总利润低于不分享信息模式下的总利润，信息分享对于双方是无价值的，双方都没有动机进行信息共享。与之不同的是，零售商与第三方回收商分享信息总能使双方的总利润高于不分享信息模式下的总利润，因而双方有动机进行信息共享。②比较图 3.12 的左、右两个图，可以发现，当 k 从 0.5 降低至 0.3 时，信息分享双方的总利润增加值更高，或者总利润损失值更低。这表明当回收竞争强度较低时，信息分享更有可能实现。

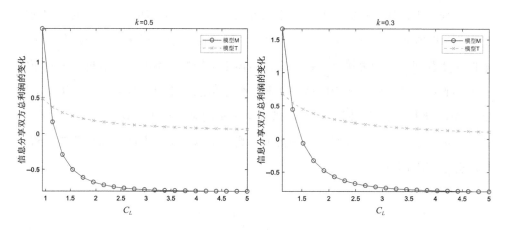

图 3.12　回收投资成本系数对信息分享双方总利润的影响

3.6　本章小结

本章考虑由一个新能源汽车制造商、一个新能源汽车零售商和一个第三方动力电池回收商组成的闭环供应链。在正向渠道，零售商拥有私有需求信息；在逆向渠道，零售商与第三方动力电池回收商在动力电池回收市场相互竞争。根据零售商是否分享其私有需求信息，分别考虑不分享、与制造商分享和与第三方回收商分享三种信息分享模式，通过对比研究不同信息分享模式下供应链各成员企业的最优决策和利润，探究了信息分享的价值，并设计出激励零售商分享私有需求信息的补偿机制。最后，通过数值实验进一步分析了不同信息分享模式下关键参数对供应链各成员企业最优决策和利润的影响。研究表明：不同信息分享模式下供应链各成员企业的最优决策取决于零售商的私有需求信号。在不分享信息和与第三方动力电池回收商分享信息两种模式下，制造商的批发价格、零售商的销量和回收率相同。当私有需求信号为正时，在与制造商分享信息模式下，制造商的批发价格最高，零售商的销量和回收率最低，而第三方回收商的回收率在零售商与其分享信息模式下最高，在不分享信息模式下最低；反之，当私有需求信号为负时，在与制造商分享信息模式下，制造商的批发价格最低，零售商的销量和回收率最高，而第三方回收商的回收率在零售商与其分享信息模式下最低，在不分享信息模式下最高。研究还发现：信息分享对零售商不利，而对制造商和第三方动力电池回收商有利，并且直接信息分享优于间接信息分享。制造商和第三方动力电池回收商通过设计信息分享补偿机制可以激励零售商分享需求信息。此外，通过数值实验发现：随着需求信号的不准确度增加，信息分享给零售商带来的利润损失减小，对制造商和第三方动力电池回收商的价值降低；市场需求的波动性越大，零售商分享信息的动机越弱，而制造商和第三方动力电池回收商更希望零售商与之分享信息。

4 | 基于政府补贴的
新能源汽车供应链运营决策

4.1 引言

为实现经济社会的可持续发展，有效减少传统燃油汽车带来的能源紧张和环境污染问题，各国政府纷纷出台各种激励政策支持新能源汽车产业的发展。例如，美国联邦政府对购买新能源汽车的消费者采取税收抵免，并以低息贷款方式支持厂商对新能源汽车的研发和生产（赵骅和郑吉川，2019）；西班牙政府为每一位购买新能源汽车的消费者提供25%的价格折扣（Luo等，2014）；中国政府也出台了相关激励政策，包括车辆购置补贴，即对消费者购买新能源汽车给予补贴，或对示范城市充电设施建设给予财政奖励等。在政策推动下，我国新能源汽车产业快速发展，2015年以来产销量、保有量连续五年居世界首位。另一方面，伴随着新能源汽车的销量大规模增长，废旧动力电池回收问题也日益突出。据中国汽车技术研究中心的数据显示，到2025年，我国将产生大量的废旧动力电池。为此，基于生产者责任延伸制度，政府管理部门规定动力电池回收主要由汽车生产企业负责。关于新能源汽车补贴政策主要集中于生产和销售环节，由于动力电池回收问题逐渐受到政府的重视，一些地方政府开始对动力电池回收环节提供补贴。例如，深圳市政府在相关政策中提出对回收废旧动力电池的新能源汽车生产企业给予补贴。

尽管新能源汽车具有节能环保优势，但由于昂贵的动力电池导致的高生产成本等因素（Shao等，2017），使得新能源汽车的销售价格通常比相同等级的燃油汽车更高。在没有政府补贴的情况下，消费者依然倾向于购买传统燃油汽车。因此，政府有必要通过补贴来激励消费者购买新能源汽车。在政府对新能源汽车行业提供车辆购置补贴和动力电池回收补贴的激励政策下，消费者如何在购买新能源汽车和燃油汽车之间进行选择？不同补贴方式下，新能源汽车制造商的最优定价和回收策略如何？不同补贴方式对制造商的最优决策和利润以及政府补贴成本有何影响？这些问题都值得深入研究。

目前，国内外学者都对基于政府补贴的新能源汽车供应链优化策略进行了研究，已有一些文献研究了政府补贴对新能源汽车供应链的影响（Hao等，2014；Liu等，2017；Zhang等，2018；Fan等，2020）。例如，Hao等（2014）分析了政府补贴对新能源汽车市场渗透率的影响。Liu 等(2017)探讨了基于政府补贴的新能源汽车供应链中制造商的最优决策以及政府补贴对新能源汽车行业动态趋势的影响。Zhang 等(2018)研究了政府补贴政策下消费者的车辆购买行为,发现补贴可以有效地激励更多消费者购买新能源汽车。Fan 等(2020)探讨了政府补贴对国产和进口新能源汽车制造商最优定价策略的影响,发现补贴政策有助于提高国产新能源汽车制造商的利润和社会福利。还有一些学者讨论了政府不同补贴方式下的新能源汽车供应链优化策略(Shao 等,2017;Fu 等,2018;Gu 等,2019;Yang 等,2019)。例如,Shao 等(2017)分别在垄断和双寡头市场下,对比分析了政府提供补贴和价格折扣激励机制对新能源汽车供应链的影响,发现补贴机制下政府的支出更低。Fu 等(2018)考虑由一个供应商、一个制造商和消费者组成的新能源汽车供应链,比较研究了政府提供线性补贴和固定补贴两种补贴机制对供应链的影响。研究表明:固定补贴机制优于线性补贴机制。Yang 等(2019)比较分析了生产商补贴和消费者补贴两种新能源汽车补贴方式对社会福利的影响,发现消费者补贴方式下的社会福利水平更高。

应该指出的是,现有的研究主要集中于政府对新能源汽车正向供应链(新能源汽车制造商生产环节或消费者购买环节)提供补贴,较少有文献研究逆向供应链中(动力电池回收环节)的补贴机制。本章基于新能源汽车行业特点和产业政策,考虑动力电池回收补贴,针对新能源汽车制造商和燃油汽车制造商竞争的市场,运用博弈论方法,在政府提供车辆购置补贴和动力电池回收补贴两种补贴方式下,分别研究消费者的车辆购置选择以及新能源汽车定价和动力电池回收优化策略,并探究不同补贴方式对两个制造商最优决策和利润、政府补贴成本、环境以及社会福利的影响。

4.2 模型描述

考虑一个新能源汽车制造商和一个燃油汽车制造商相互竞争的市场。在正向渠道,新能源汽车制造商生产和销售新能源汽车,燃油汽车制造商生产和销售燃油汽车;在逆向渠道,当动力电池退役后,新能源汽车制造商从消费者处回收废旧动力电池。政府提供车辆购置补贴或动力电池回收补贴两种补贴方式以促进新能源汽车的消费。在车辆购置补贴方式下，每个购买新能源汽车的消费者获得政府补贴 s^P。在动力电池回收补贴方式下，新能源汽车制造商作为回收方，回收单位废旧动力电池即可获得政府补贴 s^R。两种补贴方式下的供应链结构如图 4.1 所示。

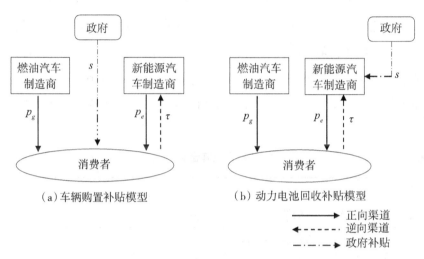

图 4.1　两种补贴方式下的供应链结构

　　在该市场中，消费者面临三种选择：①购买新能源汽车；②购买燃油汽车；③不购买任何产品。假设消费者对燃油汽车的估值为 θ，且服从 $[0, 1]$ 的均匀分布。由于新能源汽车具有更加环保的优势，因此，具有环保意识的消费者对新能源汽车具有更高的估值。令 $\delta > 0$ 表示消费者的环保意识，则消费者对新能源汽车的估值为 $(1 + \delta)\theta$。令 p_g 和 p_e 分别表示燃油汽车和新能源汽车的销售价格，c_g 和 c_e 分别表示燃油汽车和新能源汽车的单位生产成本。在现实中，动力电池的高成本使得新能源汽车的生产成本比相同等级的燃油汽车更高（Shao 等，2017）。因此，假设 $c_e > c_g$。相应地，新能源汽车的销售价格通常比相同等级的燃油汽车更高。基于 Choudhary 等（2005）构建的消费者效用模型，可得消费者购买燃油汽车和新能源汽车的效用分别为 $U_g = \theta - p_g$ 和 $U_e = (1 + \delta)\theta - p_e$。

　　新能源汽车销售后面临废旧动力电池回收的问题。根据动力电池剩余容量状况，可以通过梯次利用或者回收再制造的形式产生价值（Gu 等，2018）。不失一般性，假定单位废旧动力电池产生的平均价值为 v。新能源汽车制造商以转移支付价格 A 从消费者处回收废旧动力电池。不失一般性，令 $v > A$，从而保证回收动力电池对新能源汽车制造商是有利可图的。参考闭环供应链的相关文献（Savaskan 等，2004；Savaskan 和 Van Wassenhove，2006），回收方需承担一定的回收投资成本，由 $I = C_L \tau^2$ 表示，其中 $\tau \in (0, 1)$ 表示回收率，C_L 为回收投资成本系数。因此，回收废旧动力电池的总成本为 $A\tau D + C_L \tau^2$，τD 为回收数量。由回收成本函数可知，随着回收率增加，回收成本增加而且增加的速度加快，因而过分地追求高回收率是不经济的。所以，通常假设 C_L 的取值较大，从而保证回收率小于 1（Savaskan 等，2004）。表 4.1 列出了本章使用的符号及其含义。

表4.1 符号及其含义

决策变量	
p_g	燃油汽车的销售价格
p_e	新能源汽车的销售价格
τ	动力电池回收率
其他符号	
δ	消费者的低碳环保意识
C_L	回收投资成本系数
A	回收过程给予消费者的转移支付价格
v	单位废旧动力电池的价值
D_g	燃油汽车的市场需求
D_e	新能源汽车的市场需求
s	政府单位补贴额度
c_g	燃油汽车的单位生产成本
c_e	新能源汽车的单位生产成本
i_g	单位燃油汽车造成的环境影响
i_b	单位废旧动力电池造成的环境影响
Π_g	燃油汽车制造商的利润

续表

其他符号	
Π_e	新能源汽车制造商的利润
GS	政府的补贴成本
CS	消费者剩余
EI	总环境影响
SW	社会福利
P	上标，车辆购置补贴模型
R	上标，动力电池回收补贴模型

4.3 不同补贴方式下的新能源汽车供应链优化策略

4.3.1 车辆购置补贴下的最优决策分析

在车辆购置补贴方式下，政府给予每位购买新能源汽车的消费者补贴为 s^P。参考 Shao 等（2017），消费者购买燃油汽车和新能源汽车的效用分别为 $U_g = \theta - p_g$ 和 $U_e = (1 + \delta)\theta - p_e + s^P$。令 $U_g = 0$，可得购买燃油汽车和不购买任何产品无差异界限 $\theta_1 = p_g$；令 $U_g = U_e$，可得购买新能源汽车和购买燃油汽车无差异界限 $\theta_2 = \dfrac{p_e - p_g - s^P}{\delta}$。基于非负效用和效用最大化原则，容易得到 $\theta \in [0, \theta_1]$ 的消费者不购买任何产品，$\theta \in [\theta_1, \theta_2]$ 的消费者购买燃油汽车，$\theta \in [\theta_2, 1]$ 的消费者购买新能源汽车。因此，得到燃油汽车的市场需求为 $D_g = \theta_2 - \theta_1 = \dfrac{p_e - p_g - s^P}{\delta} - p_g$，新能源汽车的市场需求为 $D_e = 1 - \theta_2 = \dfrac{\delta - p_e + p_g + s^P}{\delta}$。

新能源汽车制造商通过决策新能源汽车的售价和废旧动力电池回收率以最大化自己的利润，其利润函数见式（4.1）：

$$\Pi_e^P = \max_{p_e, \tau}\left\{(p_e - c_e)\frac{\delta - p_e + p_g + s^P}{\delta} + (v - A)\tau\frac{\delta - p_e + p_g + s^P}{\delta} - C_L\tau^2\right\}$$

$$(4.1)$$

燃油汽车制造商通过决策燃油汽车的售价以最大化自己的利润，其利润函数见式(4.2)：

$$\Pi_g^P = \max_{p_g}\left\{(p_g - c_g)\left(\frac{p_e - p_g - s^P}{\delta} - p_g\right)\right\} \qquad (4.2)$$

通过求解式(4.1)和式(4.2)中的利润最大化问题，可以得到车辆购置补贴方式下两个制造商的最优决策，如命题4.1所述。

命题4.1：给定政府的车辆购置补贴 s^P，燃油汽车制造商和新能源汽车制造商的最优定价和动力电池回收率决策分别为：

$$p_g^P = \frac{2\delta(\delta - s^P)^2 C_L - (v - A)^2\delta + 2\delta c_e C_L + (1 + \delta)c_g[4\delta C_L - (v - A)^2]}{2\delta(3 + 4\delta)C_L - (v - A)^2(1 + 2\delta)},$$

$$p_e^P = \frac{[s^P(1 + 2\delta) + (2\delta + c_g)(1 + \delta)][2\delta C_L - (v - A)^2] + 4\delta c_e(1 + \delta)C_L}{2\delta(3 + 4\delta)C_L - (v - A)^2(1 + 2\delta)},$$

$$\tau^P = \frac{(v - A)[(1 + 2\delta)(s^P - c_e) + (2\delta + c_g)(1 + \delta)]}{2\delta(3 + 4\delta)C_L - (v - A)^2(1 + 2\delta)}。$$

证明：由式(4.1)可知，$\dfrac{\partial^2\Pi_e^P}{\partial p_e^2} = -\dfrac{2}{\delta} < 0$，$\dfrac{\partial^2\Pi_e^P}{\partial\tau^2} = -2C_L < 0$，$\dfrac{\partial^2\Pi_e^P}{\partial p_e\partial\tau} = \dfrac{A - v}{\delta} < 0$，

可得 Π_e^P 关于 (p_e, τ) 的海塞矩阵 $\boldsymbol{H} = \begin{bmatrix}\dfrac{\partial^2\Pi_e^P}{\partial p_e^2} & \dfrac{\partial^2\Pi_e^P}{\partial p_e\partial\tau} \\ \dfrac{\partial^2\Pi_e^P}{\partial\tau\partial p_e} & \dfrac{\partial^2\Pi_e^P}{\partial\tau^2}\end{bmatrix} = \begin{bmatrix}-\dfrac{2}{\delta} & \dfrac{A - v}{\delta} \\ \dfrac{A - v}{\delta} & -2C_L\end{bmatrix}$。

当 $C_L > \dfrac{(v - A)^2}{4\delta}$ 时，有 $\dfrac{\partial^2\Pi_e^P}{\partial p_e^2} = -\dfrac{2}{\delta} < 0$ 和 $|H| = \dfrac{4\delta C_L - (v - A)^2}{\delta^2} > 0$，海塞矩阵负定。可见，$\Pi_e^P$ 是关于 p_e 和 τ 的联合凹函数，存在唯一最优解。分别求式(4.1)关于 p_e 和 τ 的一阶导数并令其等于零，有 $\dfrac{\partial\Pi_e^P}{\partial p_e} = \dfrac{s^P + \delta - (v - A)\tau + c_e - 2p_e + p_g}{\delta} = 0$，$\dfrac{\partial\Pi_e^P}{\partial\tau} = \dfrac{(v - A)(s^P + \delta - p_e + p_g)}{\delta} - 2C_L\tau = 0$。

由式(4.2)可知，$\dfrac{\partial^2 \Pi_g^P}{\partial p_g^2} = -\dfrac{2}{\delta} - 2 < 0$，因而 Π_g^P 是关于 p_g 的凹函数，存在

唯一最优解。求式(4.2)关于 p_g 的一阶导数并令其等于零，有 $\dfrac{\partial \Pi_g^P}{\partial p_g} =$

$\dfrac{-s^P + (1+\delta)c_g + p_e - 2(1+\delta)p_g}{\delta} = 0$。

联立方程组 $\dfrac{\partial \Pi_e^P}{\partial p_e} = 0$，$\dfrac{\partial \Pi_e^P}{\partial \tau} = 0$，$\dfrac{\partial \Pi_g^P}{\partial p_g} = 0$ 求解，可得两个制造商的最优决策分

别为：

$$p_e^P = \frac{\left[s^P(1+2\delta) + (2\delta + c_g)(1+\delta)\right]\left[2\delta C_L - (v-A)^2\right] + 4\delta c_e(1+\delta)C_L}{2\delta(3+4\delta)C_L - (v-A)^2(1+2\delta)},$$

$$\tau^P = \frac{(v-A)\left[(1+2\delta)(s^P - c_e) + (2\delta + c_g)(1+\delta)\right]}{2\delta(3+4\delta)C_L - (v-A)^2(1+2\delta)},$$

$$p_g^P = \frac{2\delta(\delta - s^P)C_L - (v-A)^2\delta + 2\delta c_e C_L + (1+\delta)c_g\left[4\delta C_L - (v-A)^2\right]}{2\delta(3+4\delta)C_L - (v-A)^2(1+2\delta)}。$$

证毕。

由命题 4.1 可知，为保证回收率 $\tau^P \in (0,1)$，需满足 $(1+2\delta)(s^P - c_e) + (2\delta +$

$c_g)(1+\delta) > 0$ 且 $C_L > \dfrac{(v-A)\left[(1+2\delta)(s^P - c_e) + (2\delta + c_g)(1+\delta)\right] + (v-A)^2(1+2\delta)}{2\delta(3+4\delta)}$。

推论 4.1：车辆购置补贴下，关键参数对两个制造商最优决策的影响如下：

(1) $\dfrac{\partial p_e^P}{\partial s^P} > 0$，$\dfrac{\partial p_e^P}{\partial c_e} > 0$，$\dfrac{\partial p_e^P}{\partial c_g} > 0$，$\dfrac{\partial p_e^P}{\partial v} < 0$，$\dfrac{\partial p_e^P}{\partial A} > 0$；

(2) $\dfrac{\partial p_g^P}{\partial s^P} < 0$，$\dfrac{\partial p_g^P}{\partial c_e} > 0$，$\dfrac{\partial p_g^P}{\partial c_g} > 0$，$\dfrac{\partial p_g^P}{\partial v} < 0$，$\dfrac{\partial p_g^P}{\partial A} > 0$；

(3) $\dfrac{\partial \tau^P}{\partial s^P} > 0$，$\dfrac{\partial \tau^P}{\partial c_e} < 0$，$\dfrac{\partial \tau^P}{\partial c_g} > 0$，$\dfrac{\partial \tau^P}{\partial v} > 0$，$\dfrac{\partial \tau^P}{\partial A} < 0$。

证明：由命题 4.1 可知，$p_g^P = \dfrac{2\delta(\delta - s^P)C_L - (v-A)^2\delta + 2\delta c_e C_L + (1+\delta)c_g\left[4\delta C_L - (v-A)^2\right]}{2\delta(3+4\delta)C_L - (v-A)^2(1+2\delta)}$，

$$p_e^P = \frac{\left[s^P(1+2\delta) + (2\delta + c_g)(1+\delta)\right]\left[2\delta C_L - (v-A)^2\right] + 4\delta c_e(1+\delta)C_L}{2\delta(3+4\delta)C_L - (v-A)^2(1+2\delta)},$$

$$\tau^P = \frac{(v-A)\left[(1+2\delta)(s^P - c_e) + (2\delta + c_g)(1+\delta)\right]}{2\delta(3+4\delta)C_L - (v-A)^2(1+2\delta)}。$$

观察可得，对 v 求导和对 A 求导的结果相反。对决策变量求导，可得：

(1) $\dfrac{\partial p_e^P}{\partial s^P} = \dfrac{(1+2\delta)\left[2\delta C_L - (v-A)^2\right]}{2\delta(3+4\delta)C_L - (v-A)^2(1+2\delta)} > 0$，

$\dfrac{\partial p_e^P}{\partial c_e} = \dfrac{4\delta(1+\delta)C_L}{2\delta(3+4\delta)C_L - (v-A)^2(1+2\delta)} > 0$，

$\dfrac{\partial p_e^P}{\partial c_g} = \dfrac{(1+\delta)\left[2\delta C_L - (v-A)^2\right]}{2\delta(3+4\delta)C_L - (v-A)^2(1+2\delta)} > 0$，

$\dfrac{\partial p_e^P}{\partial v} = -\dfrac{8(v-A)\delta(1+\delta)\left[s^P(1+2\delta) + (2\delta + c_g)(1+\delta) - (1+2\delta)c_e\right]C_L}{\left[2\delta(3+4\delta)C_L - (v-A)^2(1+2\delta)\right]^2} < 0$；

(2) $\dfrac{\partial p_g^P}{\partial s^P} = \dfrac{-2\delta C_L}{2\delta(3+4\delta)C_L - (v-A)^2(1+2\delta)} < 0$，

$\dfrac{\partial p_g^P}{\partial c_e} = \dfrac{2\delta C_L}{2\delta(3+4\delta)C_L - (v-A)^2(1+2\delta)} > 0$，

$\dfrac{\partial p_g^P}{\partial c_g} = \dfrac{(1+\delta)\left[4\delta C_L - (v-A)^2\right]}{2\delta(3+4\delta)C_L - (v-A)^2(1+2\delta)} > 0$，

$\dfrac{\partial p_g^P}{\partial v} = -\dfrac{4(v-A)\delta\left[s^P(1+2\delta) + (2\delta + c_g)(1+\delta) - (1+2\delta)c_e\right]C_L}{\left[2\delta(3+4\delta)C_L - (v-A)^2(1+2\delta)\right]^2} < 0$；

(3) $\dfrac{\partial \tau^P}{\partial s^P} = \dfrac{(v-A)(1+2\delta)}{2\delta(3+4\delta)C_L - (v-A)^2(1+2\delta)} > 0$，

$\dfrac{\partial \tau^P}{\partial c_e} = \dfrac{-(v-A)(1+2\delta)}{2\delta(3+4\delta)C_L - (v-A)^2(1+2\delta)} < 0$，

$\dfrac{\partial \tau^P}{\partial c_g} = \dfrac{(v-A)(1+\delta)}{2\delta(3+4\delta)C_L - (v-A)^2(1+2\delta)} > 0$，

$\dfrac{\partial \tau^P}{\partial v} = \dfrac{\left[(s^P - c_e)(1+2\delta) + (2\delta + c_g)(1+\delta)\right]\left[(v-A)^2(1+2\delta) + 2\delta(3+4\delta)C_L\right]}{\left[2\delta(3+4\delta)C_L - (v-A)^2(1+2\delta)\right]^2} > 0$。

证毕。

由推论 4.1 可知，当政府提高车辆购置补贴额度时，新能源汽车制造商将制定更高的新能源汽车销售价格，新能源汽车的市场需求也会增加；燃油汽车制造商将降低燃油汽车的销售价格，燃油汽车的市场需求也会减少。这是由于当政府的车辆购置补贴额度增加时，消费者在购买新能源汽车时能够获得更多的优惠，因此，对于新能源汽车制造商的涨价行为更不敏感，在此情形下，新能源汽车制造商可以提高新能源汽车的售价，在不损失市场份额的情况下获得更高的边际利润。政府提供车辆购置补贴使得消费者更加偏好新能源汽车，燃油汽车制造商必须降低燃油汽车的售价以吸引消费者，避免过度损失市场份额。此外，由于车辆购置补贴额度的增加会带来新能源汽车销量的增加，新能源汽车制造商将有动力回收更多的废旧动力电池，因而制定更高的回收率。

还可以发现，新能源汽车和燃油汽车的单位生产成本对两种产品的售价均具有正向的影响。当新能源汽车的单位生产成本增加时，新能源汽车制造商需要提高售价来维持一定的边际利润，作为竞争者的燃油汽车制造商也相应地提高其售价。类似地，当燃油汽车的单位生产成本增加时，燃油汽车和新能源汽车的售价均增加。此外，单位废旧动力电池的价值 v 对两种产品的售价有负向的影响，对回收率有正向的影响。这是由于当 v 增加时，意味着回收废旧动力电池对于新能源汽车制造商而言更加有利可图，其一方面通过降低新能源汽车的售价，从而提高市场需求及潜在的废旧动力电池回收数量，另一方面通过制定更高的回收率，从而回收更多的废旧动力电池；作为竞争者，燃油汽车制造商也相应地降低其售价。考虑到 v 与 A 分别代表了回收过程的收益与成本，不难发现两者对于上述决策变量具有完全相反的影响。

基于命题 4.1，将最优定价和回收率决策代入相关的表达式，可以得到新能源汽车制造商和燃油汽车制造商的市场需求以及利润如下：

$$D_e^P = \frac{2C_L[(1+2\delta)(s^P - c_e) + (1+\delta)(2\delta + c_g)]}{2\delta(3+4\delta)C_L - (v-A)^2(1+2\delta)},$$

$$D_g^P = \frac{(1+\delta)\{(v-A)^2(c_g - 1) - 2C_L[s^P - \delta - c_e + (1+2\delta)c_g]\}}{2\delta(3+4\delta)C_L - (v-A)^2(1+2\delta)},$$

$$\Pi_e^P = \frac{[(1+2\delta)(s^P - c_e) + (1+\delta)(2\delta + c_g)]^2[4\delta C_L - (v-A)^2]C_L}{[2\delta(3+4\delta)C_L - (v-A)^2(1+2\delta)]^2},$$

$$\Pi_g^P = \frac{\delta(1+\delta)\{(v-A)^2(c_g - 1) - 2C_L[s^P - \delta - c_e + (1+2\delta)c_g]\}^2}{[2\delta(3+4\delta)C_L - (v-A)^2(1+2\delta)]^2}。$$

从 D_e^P 和 D_g^P 的表达式可知，为保证 $D_e^P > 0$ 且 $D_g^P > 0$，需满足 $s^P > c_e - \dfrac{(1+\delta)(2\delta + c_g)}{1+2\delta}$ 且 $s^P < c_e + \delta - (1+2\delta)c_g - \dfrac{(v-A)^2(1-c_g)}{2C_L}$ 两个条件。这意味着合理的补贴额度应当在一定范围内，否则会导致新能源汽车或燃油汽车失去市场份额。在后续的分析中，限定相关参数满足上述条件。进一步地，可以得到相关参数对两个制造商市场需求和利润的影响，如推论 4.2 所示。

推论 4.2： 车辆购置补贴下，关键参数对两个制造商市场需求和利润的影响如下：

(1) $\dfrac{\partial D_e^P}{\partial s^P} > 0$，$\dfrac{\partial D_e^P}{\partial c_e} < 0$，$\dfrac{\partial D_e^P}{\partial c_g} > 0$，$\dfrac{\partial D_e^P}{\partial v} > 0$，$\dfrac{\partial D_e^P}{\partial A} < 0$；

(2) $\dfrac{\partial D_g^P}{\partial s^P} < 0$，$\dfrac{\partial D_g^P}{\partial c_e} > 0$，$\dfrac{\partial D_g^P}{\partial c_g} < 0$，$\dfrac{\partial D_g^P}{\partial v} < 0$，$\dfrac{\partial D_g^P}{\partial A} > 0$；

(3) $\dfrac{\partial \Pi_e^P}{\partial s^P} > 0$，$\dfrac{\partial \Pi_e^P}{\partial c_e} < 0$，$\dfrac{\partial \Pi_e^P}{\partial c_g} > 0$，$\dfrac{\partial \Pi_e^P}{\partial v} > 0$，$\dfrac{\partial \Pi_e^P}{\partial A} < 0$；

(4) $\dfrac{\partial \Pi_g^P}{\partial s^P} < 0$，$\dfrac{\partial \Pi_g^P}{\partial c_e} > 0$，$\dfrac{\partial \Pi_g^P}{\partial c_g} < 0$，$\dfrac{\partial \Pi_g^P}{\partial v} < 0$，$\dfrac{\partial \Pi_g^P}{\partial A} > 0$。

证明： 观察可得，对 v 求导和对 A 求导的结果相反。

(1) $\dfrac{\partial D_e^P}{\partial s^P} = \dfrac{2C_L(1+2\delta)}{2\delta(3+4\delta)C_L - (v-A)^2(1+2\delta)} > 0$，

$\dfrac{\partial D_e^P}{\partial c_e} = \dfrac{-2C_L(1+2\delta)}{2\delta(3+4\delta)C_L - (v-A)^2(1+2\delta)} < 0$，

$\dfrac{\partial D_e^P}{\partial c_g} = \dfrac{2C_L(1+\delta)}{2\delta(3+4\delta)C_L - (v-A)^2(1+2\delta)} > 0$，

$\dfrac{\partial D_e^P}{\partial v} = \dfrac{4(v-A)(1+2\delta)[(s^P-c_e)(1+2\delta)+(2\delta+c_g)(1+\delta)]C_L}{[2\delta(3+4\delta)C_L - (v-A)^2(1+2\delta)]^2} > 0$，$\dfrac{\partial D_e^P}{\partial A} < 0$；

(2) $\dfrac{\partial D_g^P}{\partial s^P} = \dfrac{-2C_L(1+\delta)}{2\delta(3+4\delta)C_L - (v-A)^2(1+2\delta)} < 0$，

$\dfrac{\partial D_g^P}{\partial c_e} = \dfrac{2C_L(1+\delta)}{2\delta(3+4\delta)C_L - (v-A)^2(1+2\delta)} > 0$，

$$\frac{\partial D_g^P}{\partial c_g} = \frac{(1+\delta)\left[(v-A)^2 - 2C_L(1+2\delta)\right]}{2\delta(3+4\delta)C_L - (v-A)^2(1+2\delta)} < 0,$$

$$\frac{\partial D_g^P}{\partial v} = -\frac{4(v-A)(1+\delta)\left[(s^P-c_e)(1+2\delta) + (2\delta+c_g)(1+\delta)\right]C_L}{\left[2\delta(3+4\delta)C_L - (v-A)^2(1+2\delta)\right]^2} < 0, \quad \frac{\partial D_g^P}{\partial A} > 0;$$

$$(3) \frac{\partial \Pi_e^P}{\partial s^P} > 0, \quad \frac{\partial \Pi_e^P}{\partial c_e} = -\frac{2(1+2\delta)\left[(s^P-c_e)(1+2\delta) + (2\delta+c_g)(1+\delta)\right]C_L\left[4\delta C_L - (v-A)^2\right]}{\left[2\delta(3+4\delta)C_L - (v-A)^2(1+2\delta)\right]^2} < 0,$$

$$\frac{\partial \Pi_e^P}{\partial c_g} = \frac{2(1+\delta)\left[(s^P-c_e)(1+2\delta) + (2\delta+c_g)(1+\delta)\right]C_L\left[4\delta C_L - (v-A)^2\right]}{\left[2\delta(3+4\delta)C_L - (v-A)^2(1+2\delta)\right]^2} > 0,$$

$$\frac{\partial \Pi_e^P}{\partial v} = \frac{2(v-A)\left[s^P + 2s^P\delta + 2\delta(1+\delta) - (1+2\delta)c_e + (1+\delta)c_g\right]^2 C_L\left[2\delta(1+4\delta)C_L - (A-v)^2(1+2\delta)\right]}{\left[2\delta(3+4\delta)C_L - (A-v)^2(1+2\delta)\right]^3} > 0, \quad \frac{\partial \Pi_e^P}{\partial A} < 0;$$

$$(4) \frac{\partial \Pi_g^P}{\partial s^P} < 0, \quad \frac{\partial \Pi_g^P}{\partial c_e} = \frac{4\delta(1+\delta)C_L\{(A-v)^2(-1+c_g) - 2\left[s^P - \delta - c_e + (1+2\delta)c_g\right]C_L\}}{\left[2\delta(3+4\delta)C_L - (v-A)^2(1+2\delta)\right]^2} > 0,$$

$$\frac{\partial \Pi_g^P}{\partial c_g} = \frac{2\delta(1+\delta)\left[-(A-v)^2 + (2+4\delta)C_L\right]\left[-(A-v)^2(-1+c_g) + 2\left[s^P - \delta - c_e + (1+2\delta)c_g\right]C_L\right]}{\left[2\delta(3+4\delta)C_L - (v-A)^2(1+2\delta)\right]^2} < 0,$$

$$\frac{\partial \Pi_g^P}{\partial v} = -\frac{8(v-A)\delta(1+\delta)\left[(s^P-c_e)(1+2\delta) + (2\delta+c_g)(1+\delta)\right]C_L\{(A-v)^2(-1+c_g) - 2\left[s^P - \delta - c_e + (1+2\delta)c_g\right]C_L\}}{\left[2\delta(3+4\delta)C_L - (A-v)^2(1+2\delta)\right]^3} < 0,$$

$$\frac{\partial \Pi_g^P}{\partial A} > 0_{\circ}$$

证毕。

由推论 4.2 可知，政府的车辆购置补贴 s^P 和单位废旧动力电池的价值 v 对新能源汽车制造商的市场需求和利润具有正向的影响，对燃油汽车制造商的市场需求和利润具有负向的影响。这是由于当政府提高车辆购置补贴额度或者废旧动力电池的价值增加时，新能源汽车制造商的边际利润增加，对其市场需求和利润有利，对其竞争者燃油汽车制造商的市场需求和利润不利。考虑到 v 与 A 分别代表了回收过程的收益与成本，所以，A 对上述变量的影响与 v 相反。此外，比较直观的是，当某一制造商的生产成本增加时，对其市场需求和利润会带来负向的影响，而对其竞争者的市场需求和利润会带来正向的影响。

4.3.2 动力电池回收补贴下的最优决策分析

在动力电池回收补贴下，对于回收的单位废旧动力电池，政府给予新能源汽

车制造商的补贴为 s^R。在此情形下，对于消费者而言，购买新能源汽车和燃油汽车的效用分别为 $U_e = (1 + \delta)\theta - p_e$ 和 $U_g = \theta - p_g$。类似地，可以得到新能源汽车和燃油汽车的市场需求分别为 $D_e = \dfrac{\delta - p_e + p_g}{\delta}$ 和 $D_g = \dfrac{p_e - p_g}{\delta} - p_g$。

新能源汽车制造商通过决策新能源汽车的售价和废旧动力电池回收率以最大化自己的利润，其利润函数见式(4.3)：

$$\Pi_e^R = \max_{p_e,\,\tau}\left\{(p_e - c_e)\,\frac{\delta - p_e + p_g}{\delta} + (v - A + s^R)\tau\,\frac{\delta - p_e + p_g}{\delta} - C_L\tau^2\right\} \quad (4.3)$$

燃油汽车制造商通过决策燃油汽车的售价以最大化自己的利润，其利润函数见式(4.4)：

$$\Pi_g^R = \max_{p_g}\left\{(p_g - c_g)\left(\frac{p_e - p_g}{\delta} - p_g\right)\right\} \quad (4.4)$$

通过求解式(4.3)和式(4.4)的利润最大化问题，可以得到新能源汽车制造商和燃油汽车制造商的最优决策，如命题4.2所述。

命题4.2： 给定政府的动力电池回收补贴 s^R，燃油汽车制造商和新能源汽车制造商的最优定价和动力电池回收率决策分别为：

$$p_g^R = \frac{2\delta C_L[\delta + c_e + 2(1 + \delta)c_g] - (s^R + v - A)^2[\delta + (1 + \delta)c_g]}{2\delta(3 + 4\delta)C_L - (s^R + v - A)^2(1 + 2\delta)},$$

$$p_e^R = \frac{(1 + \delta)\{2\delta C_L[2(\delta + c_e) + c_g] - (s^R + v - A)^2(2\delta + c_g)\}}{2\delta(3 + 4\delta)C_L - (s^R + v - A)^2(1 + 2\delta)},$$

$$\tau^R = \frac{(s^R + v - A)[(1 + \delta)(2\delta + c_g) - (1 + 2\delta)c_e]}{2\delta(3 + 4\delta)C_L - (s^R + v - A)^2(1 + 2\delta)}.$$

证明： 由式(4.3)可知，$\dfrac{\partial^2 \Pi_e^R}{\partial p_e^2} = -\dfrac{2}{\delta} < 0$，$\dfrac{\partial^2 \Pi_e^R}{\partial \tau^2} = -2C_L < 0$，$\dfrac{\partial^2 \Pi_e^R}{\partial p_e \partial \tau} = \dfrac{A - v - s^R}{\delta} < 0$，

可得 Π_e^R 关于 $(p_e,\,\tau)$ 的海塞矩阵 $\boldsymbol{H} = \begin{bmatrix} \dfrac{\partial^2 \Pi_e^R}{\partial p_e^2} & \dfrac{\partial^2 \Pi_e^R}{\partial p_e \partial \tau} \\[3mm] \dfrac{\partial^2 \Pi_e^R}{\partial \tau \partial p_e} & \dfrac{\partial^2 \Pi_e^R}{\partial \tau^2} \end{bmatrix} = \begin{bmatrix} -\dfrac{2}{\delta} & \dfrac{A - v - s^R}{\delta} \\[3mm] \dfrac{A - v - s^R}{\delta} & -2C_L \end{bmatrix}$。

当 $C_L > \dfrac{(v - A + s^R)^2}{4\delta}$ 时，有 $\dfrac{\partial^2 \Pi_e^R}{\partial p_e^2} = -\dfrac{2}{\delta} < 0$ 和 $|H| = \dfrac{4\delta C_L - (v - A + s^R)^2}{\delta^2} > 0$，

海塞矩阵负定。可见，Π_e^R 是关于 p_e 和 τ 的联合凹函数，存在唯一最优解。

分别求式（4.3）关于 p_e 和 τ 的一阶导数并令其等于零，有 $\dfrac{\partial \Pi_e^R}{\partial p_e} =$

$$\frac{\delta - (v - A + s^R)\tau + c_e - 2p_e + p_g}{\delta} = 0, \quad \frac{\partial \Pi_e^R}{\partial \tau} = \frac{(v - A + s^R)(\delta - p_e + p_g)}{\delta} - 2C_L\tau = 0。$$

由式（4.4）可知，$\dfrac{\partial^2 \Pi_g^R}{\partial p_g^2} = -\dfrac{2}{\delta} - 2 < 0$，可见，$\Pi_g^R$ 是关于 p_g 的凹函数，存在唯

一最优解。求式（4.4）关于 p_g 的一阶导数并令其等于零，有 $\dfrac{\partial \Pi_g^R}{\partial p_g} =$

$$\frac{(1 + \delta)c_g + p_e - 2(1 + \delta)p_g}{\delta} = 0。$$

联立方程组 $\dfrac{\partial \Pi_e^R}{\partial p_e} = 0$，$\dfrac{\partial \Pi_e^R}{\partial \tau} = 0$，$\dfrac{\partial \Pi_g^R}{\partial p_g} = 0$ 求解，可以得到两个制造商的最优决

策为：$p_g^R = \dfrac{2\delta C_L[\delta + c_e + 2(1 + \delta)c_g] - (s^R + v - A)^2[\delta + (1 + \delta)c_g]}{2\delta(3 + 4\delta)C_L - (s^R + v - A)^2(1 + 2\delta)}$，

$$p_e^R = \frac{(1 + \delta)\{2\delta C_L[2(\delta + c_e) + c_g] - (s^R + v - A)^2(2\delta + c_g)\}}{2\delta(3 + 4\delta)C_L - (s^R + v - A)^2(1 + 2\delta)},$$

$$\tau^R = \frac{(s^R + v - A)[(1 + \delta)(2\delta + c_g) - (1 + 2\delta)c_e]}{2\delta(3 + 4\delta)C_L - (s^R + v - A)^2(1 + 2\delta)}。$$

证毕。

由命题 4.2 可知，为保证回收率 $\tau^R \in (0, 1)$，需满足 $(1 + \delta)(2\delta + c_g) -$

$(1 + 2\delta)c_e > 0$ 且 $C_L > \dfrac{(s^R + v - A)[(1 + \delta)(2\delta + c_g) - (1 + 2\delta)c_e] + (s^R + v - A)^2(1 + 2\delta)}{2\delta(3 + 4\delta)}$。

推论 4.3： 动力电池回收补贴下，关键参数对两个制造商最优决策的影响

如下：

（1）$\dfrac{\partial p_e^R}{\partial s^R} < 0$，$\dfrac{\partial p_e^R}{\partial c_e} > 0$，$\dfrac{\partial p_e^R}{\partial c_g} > 0$，$\dfrac{\partial p_e^R}{\partial v} < 0$，$\dfrac{\partial p_e^R}{\partial A} > 0$；

（2）$\dfrac{\partial p_g^R}{\partial s^R} < 0$，$\dfrac{\partial p_g^R}{\partial c_e} > 0$，$\dfrac{\partial p_g^R}{\partial c_g} > 0$，$\dfrac{\partial p_g^R}{\partial v} < 0$，$\dfrac{\partial p_g^R}{\partial A} > 0$；

(3) $\dfrac{\partial \tau^{R}}{\partial s^{R}} > 0,\ \dfrac{\partial \tau^{R}}{\partial c_{e}} < 0,\ \dfrac{\partial \tau^{R}}{\partial c_{g}} > 0,\ \dfrac{\partial \tau^{R}}{\partial v} > 0,\ \dfrac{\partial \tau^{R}}{\partial A} < 0。$

证明： 观察可得，对 v 求导和对 A 求导的结果相反。对决策变量求导，可得：

(1) $\dfrac{\partial p_{e}^{R}}{\partial s^{R}} = -\dfrac{8(s^{R}+v-A)\delta(1+\delta)\left[-(1+2\delta)c_{e}+(1+\delta)(2\delta+c_{g})\right]C_{L}}{\left[(-A+s^{R}+v)^{2}(1+2\delta)-2\delta(3+4\delta)C_{L}\right]^{2}} < 0,$

$\dfrac{\partial p_{e}^{R}}{\partial c_{e}} = \dfrac{4\delta(1+\delta)C_{L}}{2\delta(3+4\delta)C_{L}-(-A+s^{R}+v)^{2}(1+2\delta)} > 0,$

$\dfrac{\partial p_{e}^{R}}{\partial c_{g}} = \dfrac{(1+\delta)\left[2\delta C_{L}-(-A+s^{R}+v)^{2}\right]}{2\delta(3+4\delta)C_{L}-(-A+s^{R}+v)^{2}(1+2\delta)} > 0,$

$\dfrac{\partial p_{e}^{R}}{\partial v} = -\dfrac{8(s^{R}+v-A)\delta(1+\delta)\left[-(1+2\delta)c_{e}+(1+\delta)(2\delta+c_{g})\right]C_{L}}{\left[(-A+s^{R}+v)^{2}(1+2\delta)-2\delta(3+4\delta)C_{L}\right]^{2}} < 0,$

$\dfrac{\partial p_{e}^{R}}{\partial A} > 0;$

(2) $\dfrac{\partial p_{g}^{R}}{\partial s^{R}} = \dfrac{4(A-s^{R}-v)\delta\left[-(1+2\delta)c_{e}+(1+\delta)(2\delta+c_{g})\right]C_{L}}{\left[(-A+s^{R}+v)^{2}(1+2\delta)-2\delta(3+4\delta)C_{L}\right]^{2}} < 0,$

$\dfrac{\partial p_{g}^{R}}{\partial c_{e}} = \dfrac{2\delta C_{L}}{2\delta(3+4\delta)C_{L}-(-A+s^{R}+v)^{2}(1+2\delta)} > 0,$

$\dfrac{\partial p_{g}^{R}}{\partial c_{g}} = \dfrac{(1+\delta)\left[4\delta C_{L}-(-A+s^{R}+v)^{2}\right]}{-(-A+s^{R}+v)^{2}(1+2\delta)+2\delta(3+4\delta)C_{L}} > 0,$

$\dfrac{\partial p_{g}^{R}}{\partial v} = -\dfrac{4(s^{R}+v-A)\delta\left[-(1+2\delta)c_{e}+(1+\delta)(2\delta+c_{g})\right]C_{L}}{\left[(-A+s^{R}+v)^{2}(1+2\delta)-2\delta(3+4\delta)C_{L}\right]^{2}} < 0,\ \dfrac{\partial p_{g}^{R}}{\partial A} > 0;$

(3) $\dfrac{\partial \tau^{R}}{\partial s^{R}} = \dfrac{\left[-(1+2\delta)c_{e}+(1+\delta)(2\delta+c_{g})\right]\left[(-A+s^{R}+v)^{2}(1+2\delta)+2\delta(3+4\delta)C_{L}\right]}{\left[(-A+s^{R}+v)^{2}(1+2\delta)-2\delta(3+4\delta)C_{L}\right]^{2}} > 0,$

$\dfrac{\partial \tau^{R}}{\partial c_{e}} = -\dfrac{(s^{R}+v-A)(1+2\delta)}{2\delta(3+4\delta)C_{L}-(-A+s^{R}+v)^{2}(1+2\delta)} < 0,$

$\dfrac{\partial \tau^{R}}{\partial c_{g}} = \dfrac{(s^{R}+v-A)(1+\delta)}{2\delta(3+4\delta)C_{L}-(-A+s^{R}+v)^{2}(1+2\delta)} > 0,$

$\dfrac{\partial \tau^{R}}{\partial v} = \dfrac{\left[-(1+2\delta)c_{e}+(1+\delta)(2\delta+c_{g})\right]\left[(s^{R}+v-A)^{2}(1+2\delta)+2\delta(3+4\delta)C_{L}\right]}{\left[2\delta(3+4\delta)C_{L}-(s^{R}+v-A)^{2}(1+2\delta)\right]^{2}} > 0,\ \dfrac{\partial \tau^{R}}{\partial A} < 0。$

证毕。

由推论 4.3 可知，动力电池回收补贴 s^R 对新能源汽车和燃油汽车的售价有负向的影响，对废旧动力电池回收率有正向的影响。这是由于当政府提高回收补贴额度时，回收废旧动力电池更加有利可图，因而，新能源汽车制造商一方面会降低其售价从而提高新能源汽车的市场需求和潜在的动力电池回收数量，另一方面通过设定更高的回收率从而回收更多的废旧动力电池。作为竞争者，燃油汽车制造商也会相应地降低其售价，避免在市场竞争中处于不利地位，过度丢失市场份额。此外，新能源汽车和燃油汽车的单位生产成本对两种产品的售价均具有正向的影响；单位废旧动力电池的价值 v 对新能源汽车和燃油汽车的售价具有负向的影响，对回收率具有正向的影响；转移支付价格 A 对最优决策的影响与 v 相反。该结论与推论 4.1 中车辆购置补贴模型的结论一致。

基于命题 4.2，将最优定价和回收率决策代入相关的表达式，可以分别得到新能源汽车制造商和燃油汽车制造商的市场需求和利润如下：

$$D_e^R = \frac{2C_L\left[(1+\delta)(2\delta+c_g)-(1+2\delta)c_e\right]}{2\delta(3+4\delta)C_L-(v-A+s^R)^2(1+2\delta)},$$

$$D_g^R = \frac{(1+\delta)\{2C_L(\delta+c_e)+c_g\left[(v-A+s^R)^2-2C_L(1+2\delta)\right]-(v-A+s^R)^2\}}{2\delta(3+4\delta)C_L-(v-A+s^R)^2(1+2\delta)},$$

$$\Pi_e^R = \frac{\left[(1+2\delta)c_e-(1+\delta)(2\delta+c_g)\right]^2\left[4\delta C_L-(v-A+s^R)^2\right]C_L}{\left[2\delta(3+4\delta)C_L-(v-A+s^R)^2(1+2\delta)\right]^2},$$

$$\Pi_g^R = \frac{\delta(1+\delta)\{(v-A+s^R)^2(c_g-1)+2C_L\left[\delta+c_e-(1+2\delta)c_g\right]\}^2}{\left[2\delta(3+4\delta)C_L-(v-A+s^R)^2(1+2\delta)\right]^2}。$$

同样地，为保证 $D_e^R>0$ 且 $D_g^R>0$，需满足 $c_e<\dfrac{(1+\delta)(2\delta+c_g)}{1+2\delta}$ 且 $c_e>-\delta$

$+(1+2\delta)c_g+\dfrac{(v-A+s^R)^2(1-c_g)}{2C_L}$ 两个条件。

推论 4.4： 在动力电池回收补贴下，关键参数对两个制造商市场需求和利润的影响如下：

$(1)\ \dfrac{\partial D_e^R}{\partial s^R}>0,\ \dfrac{\partial D_e^R}{\partial c_e}<0,\ \dfrac{\partial D_e^R}{\partial c_g}>0,\ \dfrac{\partial D_e^R}{\partial v}>0,\ \dfrac{\partial D_e^R}{\partial A}<0;$

(2) $\dfrac{\partial D_g^R}{\partial s^R} < 0$, $\dfrac{\partial D_g^R}{\partial c_e} > 0$, $\dfrac{\partial D_g^R}{\partial c_g} < 0$, $\dfrac{\partial D_g^R}{\partial v} < 0$, $\dfrac{\partial D_g^R}{\partial A} > 0$;

(3) $\dfrac{\partial \Pi_e^R}{\partial s^R} > 0$, $\dfrac{\partial \Pi_e^R}{\partial c_e} < 0$, $\dfrac{\partial \Pi_e^R}{\partial c_g} > 0$, $\dfrac{\partial \Pi_e^R}{\partial v} > 0$, $\dfrac{\partial \Pi_e^R}{\partial A} < 0$;

(4) $\dfrac{\partial \Pi_g^R}{\partial s^R} < 0$, $\dfrac{\partial \Pi_g^R}{\partial c_e} > 0$, $\dfrac{\partial \Pi_g^R}{\partial c_g} < 0$, $\dfrac{\partial \Pi_g^R}{\partial v} < 0$, $\dfrac{\partial \Pi_g^R}{\partial A} > 0$。

证明: 观察可得,对 v 求导和对 A 求导的结果相反。对决策变量求导,可得:

(1) $\dfrac{\partial D_e^R}{\partial s^R} = \dfrac{4(-A+s^R+v)(1+2\delta)\left[-(1+2\delta)c_e+(1+\delta)(2\delta+c_g)\right]C_L}{\left[(-A+s^R+v)^2(1+2\delta)-2\delta(3+4\delta)C_L\right]^2} > 0,$

$\dfrac{\partial D_e^R}{\partial c_e} = -\dfrac{2(1+2\delta)C_L}{2\delta(3+4\delta)C_L-(-A+s^R+v)^2(1+2\delta)} < 0,$

$\dfrac{\partial D_e^R}{\partial c_g} = \dfrac{2(1+\delta)C_L}{2\delta(3+4\delta)C_L-(-A+s^R+v)^2(1+2\delta)} > 0,$

$\dfrac{\partial D_e^R}{\partial v} = \dfrac{4(-A+s^R+v)(1+2\delta)\left[-(1+2\delta)c_e+(1+\delta)(2\delta+c_g)\right]C_L}{\left[(-A+s^R+v)^2(1+2\delta)-2\delta(3+4\delta)C_L\right]^2} > 0,$

$\dfrac{\partial D_e^R}{\partial A} < 0;$

(2) $\dfrac{\partial D_g^R}{\partial s^R} = -\dfrac{4(s^R+v-A)(1+\delta)\left[-(1+2\delta)c_e+(1+\delta)(2\delta+c_g)\right]C_L}{\left[(-A+s^R+v)^2(1+2\delta)-2\delta(3+4\delta)C_L\right]^2} < 0,$

$\dfrac{\partial D_g^R}{\partial c_e} = \dfrac{2(1+\delta)C_L}{2\delta(3+4\delta)C_L-(-A+s^R+v)^2(1+2\delta)} > 0,$

$\dfrac{\partial D_g^R}{\partial c_g} = -\dfrac{(1+\delta)\left[2(1+2\delta)C_L-(-A+s^R+v)^2\right]}{2\delta(3+4\delta)C_L-(-A+s^R+v)^2(1+2\delta)} < 0,$

$\dfrac{\partial D_g^R}{\partial v} = -\dfrac{4(s^R+v-A)(1+\delta)\left[-(1+2\delta)c_e+(1+\delta)(2\delta+c_g)\right]C_L}{\left[(-A+s^R+v)^2(1+2\delta)-2\delta(3+4\delta)C_L\right]^2} < 0,$

$\dfrac{\partial D_g^R}{\partial A} > 0;$

(3) $\dfrac{\partial \Pi_e^R}{\partial s^R} = \dfrac{2(s^R+v-A)\left[(1+2\delta)c_e-(1+\delta)(2\delta+c_g)\right]^2 C_L\left[(-A+s^R+v)^2(1+2\delta)-2\delta(1+4\delta)C_L\right]}{\left[(-A+s^R+v)^2(1+2\delta)-2\delta(3+4\delta)C_L\right]^3} > 0,$

$$\frac{\partial \Pi_e^R}{\partial c_e} = -\frac{2(1+2\delta)\left[-(1+2\delta)c_e+(1+\delta)(2\delta+c_g)\right]C_L\left[4\delta C_L-(-A+s^R+v)^2\right]}{\left[(-A+s^R+v)^2(1+2\delta)-2\delta(3+4\delta)C_L\right]^2} < 0,$$

$$\frac{\partial \Pi_e^R}{\partial c_g} = \frac{2(1+\delta)\left[-(1+2\delta)c_e+(1+\delta)(2\delta+c_g)\right]C_L\left[4\delta C_L-(-A+s^R+v)^2\right]}{\left[(-A+s^R+v)^2(1+2\delta)-2\delta(3+4\delta)C_L\right]^2} > 0,$$

$$\frac{\partial \Pi_e^R}{\partial v} = \frac{2(s^R+v-A)\left[(1+2\delta)c_e-(1+\delta)(2\delta+c_g)\right]^2 C_L\left[(-A+s^R+v)^2(1+2\delta)-2\delta(1+4\delta)C_L\right]}{\left[(-A+s^R+v)^2(1+2\delta)-2\delta(3+4\delta)C_L\right]^3} > 0, \quad \frac{\partial \Pi_e^R}{\partial A} < 0;$$

$$(4)\ \frac{\partial \Pi_g^R}{\partial c_e} = \frac{4\delta(1+\delta)C_L\left\{(-A+s^R+v)^2(-1+c_g)+2\left[\delta+c_e-(1+2\delta)c_g\right]C_L\right\}}{\left[(-A+s^R+v)^2(1+2\delta)-2\delta(3+4\delta)C_L\right]^2} > 0,$$

$$\frac{\partial \Pi_g^R}{\partial c_g} = -\frac{2\delta(1+\delta)\left[-(-A+s^R+v)^2+(2+4\delta)C_L\right]\left\{(-A+s^R+v)^2(-1+c_g)+2\left[\delta+c_e-(1+2\delta)c_g\right]C_L\right\}}{\left[(-A+s^R+v)^2(1+2\delta)-2\delta(3+4\delta)C_L\right]^2} < 0,$$

$$\frac{\partial \Pi_g^R}{\partial s^R} = -\frac{8(s^R+v-A)\delta(1+\delta)\left[-(1+2\delta)c_e+(1+\delta)(2\delta+c_g)\right]C_L\left\{(-A+s^R+v)^2(-1+c_g)+2\left[\delta+c_e-(1+2\delta)c_g\right]C_L\right\}}{\left[2\delta(3+4\delta)C_L-(-A+s^R+v)^2(1+2\delta)\right]^3} < 0,$$

$$\frac{\partial \Pi_g^R}{\partial v} = -\frac{8(s^R+v-A)\delta(1+\delta)\left[-(1+2\delta)c_e+(1+\delta)(2\delta+c_g)\right]C_L\left\{(-A+s^R+v)^2(-1+c_g)+2\left[\delta+c_e-(1+2\delta)c_g\right]C_L\right\}}{\left[2\delta(3+4\delta)C_L-(-A+s^R+v)^2(1+2\delta)\right]^3} < 0,$$

$$\frac{\partial \Pi_g^R}{\partial A} > 0_\circ$$

证毕。

由推论4.4可知，动力电池回收补贴s^R和单位废旧动力电池的价值v对新能源汽车制造商的市场需求和利润具有正向的影响，对燃油汽车制造商的市场需求和利润具有负向的影响。显然，当政府提高动力电池回收补贴额度或者单位废旧动力电池的价值增加时，本质上都是提高了回收方的边际收益。所以，作为回收方，新能源汽车制造商的市场需求和利润增加；相应地，其竞争者燃油汽车制造商的市场需求和利润减少。考虑到v与A分别代表了回收过程的收益与成本，可知A对上述变量的影响与v相反。此外，比较直观的是，当某一制造商的生产成本增加时，对其市场需求和利润会带来负向的影响，而对其竞争者的市场需求和利润会带来正向的影响。可以发现，上述结论与推论4.2中车辆购置补贴模型的结论一致。

4.4 不同补贴方式下的均衡结果比较

本节在给定政府的车辆购置补贴 s^P 和动力电池回收补贴 s^R 的情形下，对两种补贴方式下制造商的最优决策和利润以及政府的补贴成本进行比较研究。

4.4.1 制造商的最优决策和利润比较

为便于阐述，定义如下符号：

令 $X = (1+\delta)(2\delta + c_g) - (1+2\delta)c_e$，定义

$$f_1(s^R) = \frac{s^R(2v - 2A + s^R)X}{2\delta(3+4\delta)C_L - (v - A + s^R)^2(1+2\delta)},$$

$$f_2(s^R) = c_e - \frac{(1+\delta)(2\delta + c_g)}{1+2\delta} + \frac{(v - A + s^R)[2\delta(3+4\delta)C_L - (v-A)^2(1+2\delta)]X}{(v-A)(1+2\delta)[2\delta(3+4\delta)C_L - (v-A+s^R)^2(1+2\delta)]},$$

$$f_3(s^R) = c_e - \frac{(1+\delta)(2\delta + c_g)}{(1+2\delta)} + \frac{[2\delta(3+4\delta)C_L - (v-A)^2(1+2\delta)]X\sqrt{4\delta C_L - (v-A+s^R)^2}}{(1+2\delta)[2\delta(3+4\delta)C_L - (v-A+s^R)^2(1+2\delta)]\sqrt{4\delta C_L - (v-A)^2}}。$$

分别比较两种补贴方式下制造商的最优定价和动力电池回收率决策、市场需求以及利润。

命题 4.3：两种补贴方式下，两个制造商的最优定价和市场需求比较：

(1) $p_e^P > p_e^R$；

(2) 当 $s^P > f_1(s^R)$ 时，$p_g^P < p_g^R$，$D_e^P > D_e^R$，$D_g^P < D_g^R$；

(3) 当 $s^P \leqslant f_1(s^R)$ 时，$p_g^P \geqslant p_g^R$，$D_e^P \leqslant D_e^R$，$D_g^P \geqslant D_g^R$。

证明：由命题 4.1 和命题 4.2 可得

(1) $p_e^P - p_e^R$

$$= \frac{[s^P(1+2\delta) + (2\delta + c_g)(1+\delta)][2\delta C_L - (v-A)^2] + 4\delta c_e(1+\delta)C_L}{2\delta(3+4\delta)C_L - (v-A)^2(1+2\delta)}$$

$$- \frac{(1+\delta)\{2\delta C_L[2(\delta + c_e) + c_g] - (s^R + v - A)^2(2\delta + c_g)\}}{2\delta(3+4\delta)C_L - (s^R + v - A)^2(1+2\delta)}。$$

当 $s^P > \dfrac{4s^R(2v - 2A + s^R)\delta(1+\delta)[(1+\delta)(2\delta + c_g) - (1+2\delta)c_e]C_L}{(1+2\delta)[(v-A)^2 - 2\delta C_L][2\delta(3+4\delta)C_L - (v-A+s^R)^2(1+2\delta)]}$ 时，

$p_e^P - p_e^R > 0$。

由于 $\dfrac{4s^R(2v-2A+s^R)\delta(1+\delta)\big[(1+\delta)(2\delta+c_g)-(1+2\delta)c_e\big]C_L}{(1+2\delta)\big[(v-A)^2-2\delta C_L\big]\big[2\delta(3+4\delta)C_L-(v-A+s^R)^2(1+2\delta)\big]} < 0$,

因此, $p_e^P > p_e^R$ 恒成立。

(2) $p_g^P - p_g^R$

$$= \frac{2\delta(\delta-s^P)C_L-(v-A)^2\delta+2\delta c_e C_L+(1+\delta)c_g\big[4\delta C_L-(v-A)^2\big]}{2\delta(3+4\delta)C_L-(v-A)^2(1+2\delta)}$$

$$- \frac{2\delta C_L\big[\delta+c_e+2(1+\delta)c_g\big]-(s^R+v-A)^2\big[\delta+(1+\delta)c_g\big]}{2\delta(3+4\delta)C_L-(s^R+v-A)^2(1+2\delta)}。$$

当 $s^P > \dfrac{s^R(2v-2A+s^R)\big[(1+\delta)(2\delta+c_g)-(1+2\delta)c_e\big]}{2\delta(3+4\delta)C_L-(v-A+s^R)^2(1+2\delta)}$ 时, $p_g^P < p_g^R$; 反之, $p_g^P \geqslant p_g^R$。

令 $X = (1+\delta)(2\delta+c_g)-(1+2\delta)c_e$, 定义

$$f_1(s^R) = \frac{s^R(2v-2A+s^R)X}{2\delta(3+4\delta)C_L-(v-A+s^R)^2(1+2\delta)}。$$

则当 $s^P > f_1(s^R)$ 时, $p_g^P < p_g^R$; 反之, $p_g^P \geqslant p_g^R$。

(3) $D_e^P - D_e^R = \dfrac{2C_L\big[(1+2\delta)(s^P-c_e)+(1+\delta)(2\delta+c_g)\big]}{2\delta(3+4\delta)C_L-(v-A)^2(1+2\delta)}$

$$- \frac{2C_L\big[(1+\delta)(2\delta+c_g)-(1+2\delta)c_e\big]}{2\delta(3+4\delta)C_L-(v-A+s^R)^2(1+2\delta)}。$$

当 $s^P > f_1(s^R)$ 时, $D_e^P > D_e^R$; 反之, $D_e^P \leqslant D_e^R$。

(4) $D_g^P - D_g^R = \dfrac{(1+\delta)\{(v-A)^2(c_g-1)-2C_L\big[s^P-\delta-c_e+(1+2\delta)c_g\big]\}}{2\delta(3+4\delta)C_L-(v-A)^2(1+2\delta)}$

$$- \frac{(1+\delta)\{2C_L(\delta+c_e)+c_g\big[(v-A+s^R)^2-2C_L(1+2\delta)\big]-(v-A+s^R)^2\}}{2\delta(3+4\delta)C_L-(v-A+s^R)^2(1+2\delta)}。$$

当 $s^P > f_1(s^R)$ 时, $D_g^P < D_g^R$; 反之, $D_g^P \geqslant D_g^R$。 证毕。

命题 4.3 表明, 无论政府提供的补贴额度为多少, 新能源汽车制造商在车辆购置补贴下制定的销售价格更高。原因在于, 若政府不提供任何补贴, 即 $s^P = s^R = 0$, 两个模型中新能源汽车的售价相等。当政府提供补贴时, 新能源汽车的售价在车辆购置补贴方式下随 s^P 的增加而增加, 而在动力电池回收补贴方式

下随 s^R 的增加而减小。所以，$p_e^P > p_e^R$ 恒成立。燃油汽车价格的高低取决于政府的补贴额度。对于给定的 s^R，当 s^P 大于某一临界值 $f_1(s^R)$ 时，燃油汽车的售价在车辆购置补贴方式下更低，其原因是燃油汽车的售价随 s^P 的增大而减小。可见，当 s^P 逐渐提高，燃油汽车的售价在车辆购置补贴方式下逐渐降低，直到低于动力电池回收补贴方式下的售价。

从命题 4.3 证明中可以发现，在两种补贴方式下，新能源汽车和燃油汽车的市场需求大小关系取决于临界值 $f_1(s^R)$。给定 s^R，当 s^P 大于该临界值时，车辆购置补贴方式下新能源汽车的市场需求更大，作为替代产品，燃油汽车的市场需求更小；当 s^P 小于该临界值时，车辆购置补贴方式下新能源汽车的市场需求更小，燃油汽车的市场需求更大。由推论 4.2 可知，新能源汽车的市场需求随车辆购置补贴额度的增加而增大，燃油汽车的市场需求随车辆购置补贴额度的增加而减小。因此，当 s^P 逐渐提高，新能源汽车的市场需求在车辆购置补贴方式下逐渐增大，直到高于动力电池回收补贴方式下的市场需求。类似地，燃油汽车的市场需求在车辆购置补贴方式下逐渐减小，直到低于动力电池回收补贴方式下的市场需求。

命题 4.4：两种补贴方式下，新能源汽车制造商的最优废旧动力电池回收率比较：

(1) 当 $s^P \geqslant f_2(s^R)$ 时，$\tau^P \geqslant \tau^R$；反之，$\tau^P < \tau^R$。

(2) $f_2(s^R) > f_1(s^R)$。

证明：由命题 4.1 和命题 4.2 可得，

(1) $$\tau^P - \tau^R = \frac{(v-A)\left[(1+2\delta)(s^P - c_e) + (2\delta + c_g)(1+\delta)\right]}{2\delta(3+4\delta)C_L - (v-A)^2(1+2\delta)}$$
$$- \frac{(s^R + v - A)\left[(1+\delta)(2\delta + c_g) - (1+2\delta)c_e\right]}{2\delta(3+4\delta)C_L - (s^R + v - A)^2(1+2\delta)}。$$

当 $s^P \geqslant f_2(s^R)$ 时，$\tau^P \geqslant \tau^R$；反之，$\tau^P < \tau^R$。

(2) $f_2(s^R) - f_1(s^R)$

$$= c_e - \frac{(1+\delta)(2\delta + c_g)}{1+2\delta} + \frac{(v - A + s^R)\left[2\delta(3+4\delta)C_L - (v-A)^2(1+2\delta)\right]X}{(v-A)(1+2\delta)\left[2\delta(3+4\delta)C_L - (v - A + s^R)^2(1+2\delta)\right]}$$

$$- \frac{s^R(2v - 2A + s^R)X}{2\delta(3 + 4\delta)C_L - (v - A + s^R)^2(1 + 2\delta)}$$

$$= \frac{s^R[(1+\delta)(2\delta + c_g) - (1 + 2\delta)c_e][2\delta(3 + 4\delta)C_L - (v - A)^2(1 + 2\delta)]}{(v - A)(1 + 2\delta)[2\delta(3 + 4\delta)C_L - (s^R + v - A)^2(1 + 2\delta)]} > 0。$$

因此，有 $f_2(s^R) > f_1(s^R)$。证毕。

命题 4.4 表明，对于任意的 s^R，存在一个临界值 $s^P = f_2(s^R)$，使得两种补贴方式下废旧动力电池的回收率相等。由推论 4.1 可知，回收率与车辆购置补贴额度正相关，所以，当 s^P 高于该临界值时，回收率更高。此外，发现 $f_2(s^R) > f_1(s^R)$，这意味着与相同的新能源汽车市场需求相比，若要在两种补贴方式下达到相同的回收率，政府需要在车辆购置补贴方式下提供更高的补贴额度。

命题 4.5：两种补贴方式下，制造商的利润比较：

(1) 当 $s^P > f_1(s^R)$ 时，$\Pi_g^P < \Pi_g^R$；反之，$\Pi_g^P \geqslant \Pi_g^R$。

(2) 当 $s^P > f_3(s^R)$ 时，$\Pi_e^P > \Pi_e^R$；反之，$\Pi_e^P \leqslant \Pi_e^R$。

(3) $f_3(s^R) < f_1(s^R)$。

证明：(1) $\Pi_g^P - \Pi_g^R$

$$= \frac{\delta(1 + \delta)\{(v - A)^2(c_g - 1) - 2C_L[s^P - \delta - c_e + (1 + 2\delta)c_g]\}^2}{[2\delta(3 + 4\delta)C_L - (v - A)^2(1 + 2\delta)]^2}$$

$$- \frac{\delta(1 + \delta)\{(v - A + s^R)^2(c_g - 1) + 2C_L[\delta + c_e - (1 + 2\delta)c_g]\}^2}{[2\delta(3 + 4\delta)C_L - (v - A + s^R)^2(1 + 2\delta)]^2}。$$

当 $s^P > f_1(s^R)$ 时，$\Pi_g^P < \Pi_g^R$；反之，$\Pi_g^P \geqslant \Pi_g^R$。

(2) $\Pi_e^P - \Pi_e^R$

$$= \frac{[(1 + 2\delta)(s^P - c_e) + (1 + \delta)(2\delta + c_g)]^2[4\delta C_L - (v - A)^2]C_L}{[2\delta(3 + 4\delta)C_L - (v - A)^2(1 + 2\delta)]^2}$$

$$- \frac{[(1 + 2\delta)c_e - (1 + \delta)(2\delta + c_g)]^2[4\delta C_L - (v - A + s^R)^2]C_L}{[2\delta(3 + 4\delta)C_L - (v - A + s^R)^2(1 + 2\delta)]^2}。$$

当 $s^P > f_3(s^R)$ 时，$\Pi_e^P > \Pi_e^R$；反之，$\Pi_e^P \leqslant \Pi_e^R$。

(3) $f_3(s^R) - f_1(s^R)$

$$= c_e - \frac{(1 + \delta)(2\delta + c_g)}{(1 + 2\delta)} + \frac{[2\delta(3 + 4\delta)C_L - (v - A)^2(1 + 2\delta)]X\sqrt{4\delta C_L - (v - A + s^R)^2}}{(1 + 2\delta)[2\delta(3 + 4\delta)C_L - (v - A + s^R)^2(1 + 2\delta)]\sqrt{4\delta C_L - (v - A)^2}}$$

$$-\frac{s^R(2v-2A+s^R)X}{2\delta(3+4\delta)C_L-(v-A+s^R)^2(1+2\delta)}$$

$$=-\frac{[(1+\delta)(2\delta+c_g)-(1+2\delta)c_e][2\delta(3+4\delta)C_L-(v-A)^2(1+2\delta)](\sqrt{4\delta C_L-(v-A)^2}-\sqrt{4\delta C_L-(v-A+s^R)^2})}{(1+2\delta)\sqrt{4\delta C_L-(v-A)^2}[2\delta(3+4\delta)C_L-(v-A+s^R)^2(1+2\delta)]}<0_\circ$$

因此，$f_3(s^R)<f_1(s^R)$。证毕。

命题 4.5 表明，对于任意的回收补贴额度 s^R，存在一个临界值 $f_1(s^R)$，当 $s^P=f_1(s^R)$ 时，两种补贴方式下燃油汽车制造商的利润相等。由推论 4.2 可知，Π_g^P 随 s^P 的增加而减少。因而，当 s^P 逐渐提高，燃油汽车制造商的利润在车辆购置补贴方式下逐渐减少，直到低于动力电池回收补贴方式下的利润。类似地，对于任意的回收补贴额度 s^R，存在一个临界值 $f_3(s^R)$，当 $s^P=f_3(s^R)$ 时，两种补贴方式下新能源汽车制造商的利润相等。由推论 4.2 可知，Π_e^P 随 s^P 的增加而增大。因此，当 s^P 逐渐提高，新能源汽车制造商的利润在车辆购置补贴方式下逐渐增大，直到高于动力电池回收补贴方式下的利润。此外，研究还发现 $f_3(s^R)<f_1(s^R)$。参考命题 4.3 可知，即使在 $D_e^P<D_e^R$ 的情况下也可以使得 $\Pi_e^P=\Pi_e^R$，这是由于车辆购置补贴方式下，新能源汽车制造商可以制定更高的销售价格，并保证较高的边际收益。

4.4.2 政府补贴成本比较

本小节从新能源汽车市场占有率和废旧动力电池回收率的角度比较两种补贴方式下政府的补贴成本。

定义新能源汽车的市场占有率(Market share)为 $MS=D_e/(D_e+D_g)$。由推论 4.2 和推论 4.4 可知，新能源汽车市场占有率是关于 s^P 或 s^R 的函数，且随着车辆购置补贴额度或动力电池回收补贴额度的增加而增加。可见，在不考虑补贴额度的情况下，采用两种补贴方式实际上均能提高新能源汽车市场占有率。

命题 4.6 揭示了当新能源汽车市场占有率相同时，政府在两种补贴方式下的成本差异。

命题 4.6： 当 $MS^R(s^R)=MS^P(s^P)$ 时，$GS^R(s^R)<GS^P(s^P)$。

证明： 当两种补贴方式下新能源汽车市场占有率相等时，有 $\dfrac{D_e^R}{D_e^R+D_g^R}=$

$\dfrac{D_e^P}{D_e^P + D_g^P}$。 可以得到 $s^P = \dfrac{\left[(1+\delta)(2\delta + c_g) - (1+2\delta)c_e\right](2v - 2A + s^R)s^R}{2\delta(3 + 4\delta)C_L - (1+2\delta)(v - A + s^R)^2}$。

$$GS^P - GS^R = s^P D_e^P - s^R \tau^R D_e^R = \dfrac{2(v-A)\left[(1+\delta)(2\delta + c_g) - (1+2\delta)c_e\right]^2 C_L s^R}{\left[2\delta(3 + 4\delta)C_L - (1+2\delta)(v - A + s^R)^2\right]^2} > 0。$$

证毕。

命题 4.6 表明，当两种补贴方式下新能源汽车市场占有率相同时，政府在动力电池回收补贴方式下的补贴成本更低。所以，动力电池回收补贴方式在提高新能源汽车市场占有率方面更有效。然而，直观上车辆购置补贴方式更能促进新能源汽车的市场渗透，本书得出了不同的结论。其原因在于回收补贴是对回收的部分新能源汽车的动力电池进行补贴，而车辆购置补贴是对所有的新能源汽车进行补贴。在达到相同的新能源汽车市场占有率这一前提下，车辆购置补贴方式下覆盖的产品数量更多，因而补贴成本更高。此外，还发现两种补贴方式下政府的补贴成本差 $GS^P(s^P) - GS^R(s^R)$ 随单位废旧动力电池价值 v 的增加而增大，这表明当 v 增加时，动力电池回收补贴方式对新能源汽车市场占有率的促进作用更加显著。

除新能源汽车市场占有率这一目标，政府基于环保或促进废旧动力电池回收再利用的角度考虑，鼓励废旧动力电池回收也是其重要目标之一。

命题 4.7 揭示了当废旧动力电池回收率相同时，政府在两种补贴方式下的成本差异。

命题 4.7：当 $\tau^R(s^R) = \tau^P(s^P)$ 时，$GS^R(s^R) < GS^P(s^P)$。

证明：当两种补贴方式下回收率相等时，有 $\tau^R(s^R) = \tau^P(s^P)$，可得到

$$\dfrac{(s^R + v - A)\left[(1+\delta)(2\delta + c_g) - (1+2\delta)c_e\right]}{2\delta(3 + 4\delta)C_L - (s^R + v - A)^2(1 + 2\delta)} = \dfrac{(v-A)\left[(1+2\delta)(s^P - c_e) + (2\delta + c_g)(1+\delta)\right]}{2\delta(3 + 4\delta)C_L - (v - A)^2(1 + 2\delta)},$$

则 $s^P = \dfrac{(s^R + v - A)\left[(1+\delta)(2\delta + c_g) - (1+2\delta)c_e\right]\left[2\delta(3 + 4\delta)C_L - (v - A)^2(1 + 2\delta)\right]}{\left[2\delta(3 + 4\delta)C_L - (s^R + v - A)^2(1 + 2\delta)\right](v - A)(1 + 2\delta)}$

$- \dfrac{(2\delta + c_g)(1+\delta)}{1 + 2\delta} + c_e。$

$$GS^P - GS^R = \dfrac{2\left[(1+\delta)(2\delta + c_g) - (1+2\delta)c_e\right]^2 C_L(v - A + s^R)s^R\left[2\delta(3 + 4\delta)C_L + (v - A)(1 + 2\delta)s^R\right]}{(v - A)^2(1 + 2\delta)\left[2\delta(3 + 4\delta)C_L - (1 + 2\delta)(v - A + s^R)^2\right]^2} > 0。$$

证毕。

命题4.7表明，当两种补贴方式下废旧动力电池回收率相同时，政府在动力电池回收补贴方式下的补贴成本更低。因此，动力电池回收补贴方式在提高废旧动力电池回收率方面更有效。这是由于对回收方(新能源汽车制造商)的补贴直接激励其设定一个更高的回收率，而车辆购置补贴方式的激励作用是间接的，即激励新能源汽车制造商生产销售更多的新能源汽车，从而对动力电池的回收产生促进作用。相比而言，动力电池回收补贴方式更加直接有效。此外，从回收率的表达式中也可以看出两种补贴方式下补贴额度对回收率的影响。车辆购置补贴方式下回收率随补贴额度线性增加，而动力电池回收补贴方式下回收率随补贴额度的增加而显著增加。由此可见，与车辆购置补贴方式相比，动力电池回收补贴方式下补贴额度的小幅增加可以刺激回收率较大幅度的提升。所以，当两种补贴方式下的废旧动力电池回收率相等时，动力电池回收补贴方式下政府的补贴成本更低。

4.5　算例分析

本节通过算例进一步比较两种补贴方式下制造商的最优决策、市场需求和利润以及政府的补贴成本，并分析不同补贴方式对环境和社会福利的影响。在本节算例中，为满足本章的所有假设并考虑到现实情形，基准参数设置为 $\delta = 0.1$，$v = 0.1$，$A = 0.05$，$C_L = 0.1$，$c_e = 0.5$，$c_g = 0.4$。在现实中，由于昂贵的动力电池，使得新能源汽车的生产成本比相同等级的燃油汽车更高，参考新能源汽车供应链优化策略相关研究(Huang等，2013；Shao等，2017)，根据新能源汽车与燃油汽车生产成本的关系，本节设定 $c_e = 0.5$，$c_g = 0.4$；动力电池的成本占新能源汽车总生产成本的40%左右(Zhu等，2020)。因此，设定单位废旧动力电池的价值 $v = 0.1$，转移支付价格 $A = 0.05$；参考闭环供应链相关文献(Savaskan等，2004；Savaskan 和 Van Wassenhove，2006；Chuang等，2014)，为保证相关均衡解的非负性和回收率在 (0，1) 之间，设定回收投资成本系数 $C_L = 0.1$；参考Shao等(2017)，设定消费者的环保意识 $\delta = 0.1$。此外，为了避免参数取值过于单一从而降低结果的可靠性，除上述数值外，本节也对相关参数进行多组取值并观察参数取值变化时结论是否改变。

4.5.1 不同补贴方式对制造商最优决策和利润的影响

首先，分析两种补贴方式下政府补贴额度和转移支付价格 A 对新能源汽车制造商最优废旧动力电池回收率的影响，如图 4.2 所示，从中可以发现：①在两种补贴方式下，动力电池回收率均随补贴额度的增加而增加。不同的是，在购置补贴模型中，回收率随补贴额度线性增加；而在回收补贴模型中，回收率随补贴额度的增加而显著增加；②在相同的补贴额度下，回收补贴模型中的回收率更高。这一结果表明政府提供回收补贴能够更有效地提高废旧动力电池回收率；③在两种补贴方式下，对消费者的转移支付价格越高，回收率越低。由于对消费者的转移支付价格意味着回收方的回收成本，因此更高的回收价格削弱了回收方的回收动机，从而导致在均衡状态下回收方会设定较低的回收率。

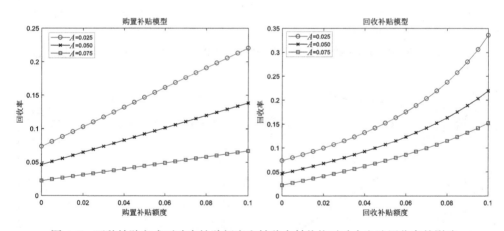

图 4.2　两种补贴方式下政府补贴额度和转移支付价格对动力电池回收率的影响

其次，分析两种补贴方式下政府补贴额度和转移支付价格对新能源汽车和燃油汽车市场需求的影响，结果如图 4.3 和图 4.4 所示。由图 4.3 可知：①在两种补贴方式下，新能源汽车市场需求均随补贴额度的增加而增加。区别在于，在购置补贴模型中，新能源汽车市场需求随补贴额度线性增加；而在回收补贴模型中，新能源汽车市场需求随补贴额度的增加而显著增加。结合图 4.2，可以发现补贴额度对回收率和新能源汽车市场需求的影响是一致的。②在相同的补贴额度下，购置补贴模型中的新能源汽车市场需求更高。这一结果表明政府提供购置补贴能够更有效地提高新能源汽车市场需求。③在两种补贴方式下，对消费者的转移支付价格越高，新能源汽车的市场需求越小。由于转移支付价格增加使得动力电池回收率降低，更高的回收价格导致新能源汽车市场需求减少。

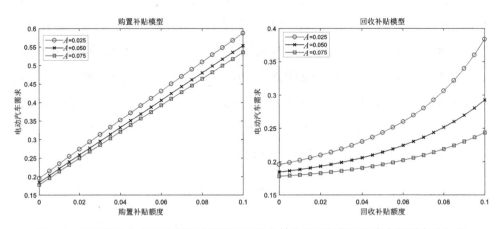

图 4.3　两种补贴方式下政府补贴额度和转移支付价格对新能源汽车市场需求的影响

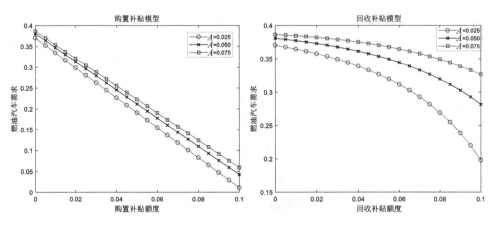

图 4.4　两种补贴方式下政府补贴额度和转移支付价格对燃油汽车市场需求的影响

由图 4.4 可知，由于新能源汽车和燃油汽车有一定的替代性，所以，相关参数对两种产品市场需求的影响是相反的。具体来说：①在两种补贴方式下，燃油汽车市场需求均随补贴额度的增加而减少。区别在于，在购置补贴模型中，燃油汽车市场需求随补贴额度增加而线性减少；而在回收补贴模型中，燃油汽车市场需求随补贴额度增加而显著减少；②在相同的补贴额度下，回收补贴模型中的燃油汽车市场需求更高。这一结果表明，相较于购置补贴，回收补贴对燃油汽车市场需求的负面影响更小。③在两种补贴方式下，对消费者的转移支付价格越高，燃油汽车市场需求越大。

最后，分析政府补贴额度和新能源汽车生产成本对两个制造商利润的影响，结果如图 4.5 和图 4.6 所示。由图 4.5 可知：①在两种补贴方式下，新能源汽车制造商利润随补贴额度增加而增加。区别在于，购置补贴对于新能源汽车制造商的利润具有非常显著的促进作用，而回收补贴对新能源汽车制造商利润的促进作用不太显著。例如，在 $c_e = 0.50$ 条件下，当购置补贴额度从 0 增加到 0.1 时，新能源汽车制造商的利润从 0.0238 增加至 0.0562，提高了 136%；当回收补贴额度从 0 增加到 0.1 时，新能源汽车制造商的利润提高了约 12.7%。在 $c_e = 0.55$ 和 $c_e = 0.60$ 条件下，也可以发现类似的利润变化趋势。②在相同的补贴额度下，新能源汽车制造商的利润在购置补贴模型中更高。这是由于购置补贴对新能源汽车的市场需求促进作用更显著。③在两种补贴方式下，随着新能源汽车生产成本的降低，新能源汽车制造商的利润都随之增加。相对而言，在回收补贴模型中，利润对于生产成本变动更加敏感。例如，在 $s^R = 0.1$ 条件下，当新能源汽车生产成本 c_e 从 0.60 降低至 0.50 时，利润提升了 369.4%；在 $s^P = 0.1$ 条件下，新能源汽车生产成本同样变动后，利润提升了 136.7%。

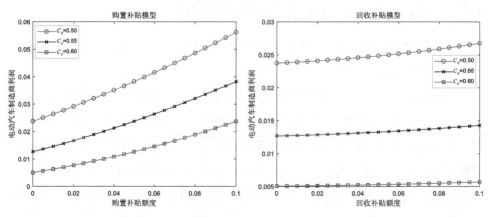

图 4.5　两种补贴方式下补贴额度和新能源汽车生产成本对新能源汽车制造商利润的影响

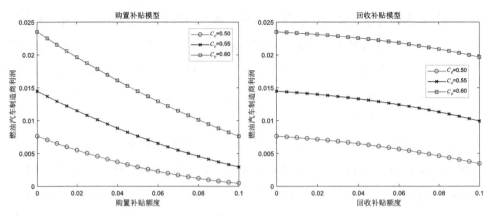

图 4.6 两种补贴方式下补贴额度和新能源汽车生产成本对燃油汽车制造商利润的影响

由图 4.6 可知：①在两种补贴方式下，燃油汽车制造商利润随补贴额度增加而减少。由于燃油汽车和新能源汽车之间的竞争关系，这一结果是直观的。区别在于，燃油汽车制造商利润随购置补贴额度的增加下降的幅度变得缓慢；而随回收补贴额度的增加，利润下降得越为显著。②在相同的补贴额度下，燃油汽车制造商的利润在回收补贴模型中更高。这是由于燃油汽车的市场需求在回收补贴方式下更高。③在两种补贴方式下，随着新能源汽车生产成本的降低，燃油汽车制造商的利润都随之降低。其原因在于生产成本更加低廉的新能源汽车可以制定更低的销售价格，进一步抢占燃油汽车的市场份额，导致燃油汽车制造商的利润降低。

4.5.2　不同补贴方式对政府补贴成本的影响

本小节分析两种补贴方式下补贴额度和新能源汽车生产成本对政府补贴成本的影响，结果如图 4.7 所示。

由图 4.7 可知：①在两种补贴方式下，政府补贴成本随补贴额度增加而增加。这是一个直观的结果。②在相同的补贴额度下，政府补贴成本在购置补贴模型中更高。这是由于购置补贴需要覆盖所有销售的新能源汽车，而回收补贴仅覆盖被回收的动力电池。由于回收成本的存在，通常只有部分新能源汽车的动力电池被回收。因此，购置补贴方式下补贴的覆盖面更广，政府的补贴成本更大。③有趣的是，在两种补贴方式下，随着新能源汽车生产成本的降低，政府的补

贴成

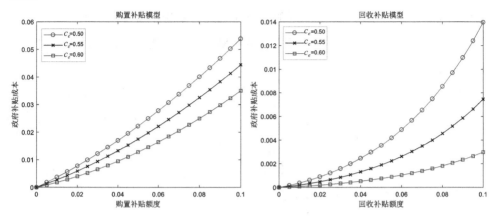

图 4.7　两种补贴方式下补贴额度和电新能源汽车生产成本对政府补贴成本的影响

本反而增加。其原因在于，成本更加低廉的新能源汽车意味着更高的新能源汽车销量和更高的潜在动力电池回收数量，进而使得政府需要对更多的产品进行补贴，导致其补贴成本增加。

4.5.3　不同补贴方式对环境和社会福利的影响

本章用 i_g 表示单位燃油汽车在整个生命周期内造成的空气污染等环境影响，用 i_b 表示单位废旧动力电池因未能回收造成的土壤污染和水污染等环境影响。可得，燃油汽车和废旧动力电池产生的总环境影响为 $EI = i_g D_g + i_b (1 - \tau) D_e$。设定 $i_g = 0.10$，i_b 分别取 0.05，0.10，0.15 三个值。两种补贴方式下补贴额度对环境的影响如图 4.8 所示，可以发现：①两种补贴方式下，补贴额度对环境的影响与单位废旧动力电池产生的环境影响有关。如果单位废旧动力电池的环境影响低于燃油汽车，则无论在何种补贴方式下，总环境影响随补贴额度的增加而降低；反之，若单位废旧动力电池的环境影响高于燃油汽车，则总环境影响随购置补贴额度的增加而增加，随回收补贴额度的增加而降低。这是由于购置补贴的直接效果是刺激更多的新能源汽车需求和潜在的废旧动力电池，从而造成更大的环境影响；回收补贴的直接效果是刺激更高的废旧动力电池回收率，进而直接减少了因废旧动力电池造成的环境影响。②当单位废旧动力电池和燃油汽车产生的环境影响相同时，两种补贴方式下环境影响的差异是最小的。③随着单位废旧动力电池产生的单位环境影响降低，两种补贴方式下的总环境影响都随之降低。因此，为有效减小环境影响，新能源汽车企业需要不断研发生产更加环保的动力电池，从而降低动力电池对环境的影响。

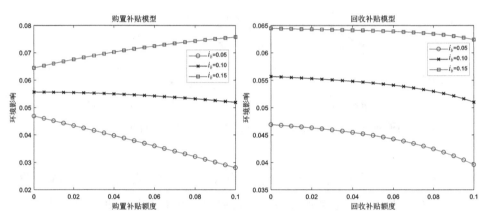

图 4.8   两种补贴方式下政府补贴额度对环境的影响

其次，分析两种补贴方式下政府补贴额度对社会福利的影响。参考 Shao 等 (2017)，社会福利可以定义为 $SW = \Pi_e + \Pi_g + CS - GS - EI$，其中 CS 表示消费者剩余。在购置补贴模型中，$CS = \int_{\theta_2}^{1} [(1 + \delta)\theta - p_e + s^P] f(\theta)\,\mathrm{d}\theta + \int_{\theta_1}^{\theta_2} (\theta - p_g) f(\theta)\,\mathrm{d}\theta = \frac{1}{2}p_g^2 + \frac{(p_e - p_g - s^P)^2}{2\delta} + \frac{1 + \delta}{2} + (s^P - p_e)$；在回收补贴模型中，$CS = \int_{\theta_1}^{\theta_2} (\theta - p_g) f(\theta)\,\mathrm{d}\theta + \int_{\theta_2}^{1} [(1 + \delta)\theta - p_e] f(\theta)\,\mathrm{d}\theta = \frac{p_e^2 - 2p_e(\delta + p_g) + (1 + \delta)(\delta + p_g^2)}{2\delta}$。两种补贴方式下政府补贴额度对社会福利的影响如图 4.9 所示，从中可以发现：①当单位废旧动力电池产生的环境影响高于燃油汽车时，社会福利随购置补贴额度增加而降低，随回收补贴额度增加而增加。原因在于购置补贴的直接效果是刺激更多的新能源汽车需求和潜在的废旧动力电池，从而造成了更大的环境影响，并降低了社会福利；与之不同的是，回收补贴的直接效果是刺激更高的动力电池

回收率，进而直接减少了因废旧动力电池造成的环境影响，并增加了社会福利。②当单位废旧动力电池产生的环境影响低于燃油汽车时，社会福利随购置补贴或回收补贴额度的增加而增加。③在两种补贴方式下，随着单位废旧动力电池造成的环境影响降低，社会福利增加。可见，从提高社会福利的角度看，政府应当鼓励新能源汽车行业相关企业不断创新动力电池的生产技术，研发更加清洁环保的动力电池。

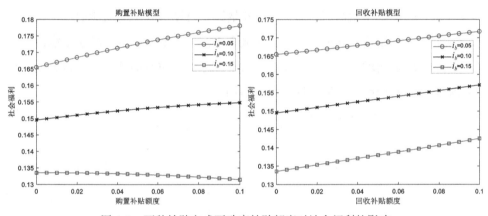

图 4.9   两种补贴方式下政府补贴额度对社会福利的影响

4.6   本章小结

本章在新能源汽车制造商和燃油汽车制造商竞争的市场中，考虑动力电池回收，对比研究了政府提供车辆购置补贴和动力电池回收补贴两种补贴方式下的新能源汽车定价和动力电池回收优化策略，并比较了两种补贴方式下制造商的最优决策和利润以及政府的补贴成本，最后通过数值实验进一步分析了不同补贴方式对制造商最优决策和利润、政府补贴成本、环境以及社会福利的影响。研究表明：假若政府提高车辆购置补贴额度，则新能源汽车制造商的售价、废旧动力电池回收率、市场需求和利润均增加，而燃油汽车制造商的售价、市场需求和利润均减小；如果政府提高动力电池回收补贴额度，则新能源汽车制造商的售价降低，废旧动力电池回收率、市场需求和利润均增加，而燃油汽车制造商的售价、市场需求和利润均减小。研究还发现：新能源汽车制造商的最优定价在车辆购置补贴方式下更高；当车辆购置补贴额度较高时，新能源汽车制造商的最优回收率、市场需求和利润在车辆购置补贴方式下更高，燃油汽车制造商的最优定价、市场需求和利润在动力电池回收补贴方式下更高；两种补贴方式下政府的补贴成本也存在差异，当两种补贴方式下的新能源汽车市场占有率或废旧动力电池回收率相同时，动力电池回收补贴方式下政府的补贴成本更低。此外，通过数值实验发现：在相同的补贴额度下，回收补贴方式下的废旧动力电池回收率、燃油汽车市场需求、燃油汽车制造商利润更高；车辆购置补贴方式下的新能源汽车市场需求、新能源汽车制造商利润、政府补贴成本更高；政府补贴成本随着新能源汽车生产成本的降低而增加；在两种补贴方式下，随着单位废旧动力电池造成的环境影响降低，总环境影响降低，社会福利增加。

5 | 考虑竞合关系的
新能源汽车供应链运营决策

5.1　引言

　　动力电池作为新能源汽车的核心部件,其成本约占新能源汽车总生产成本的
40%。因此,动力电池的采购问题是新能源汽车制造商面临的一个重要挑战。在
实践中,一些新能源汽车制造商从专门的动力电池供应商(如宁德时代)购买动
力电池;相反,一些新能源汽车制造商的动力电池则来自内部供应。例如,作为
中国新能源汽车行业的领导者,比亚迪不仅研发和生产新能源汽车,而且所需的
动力电池都由公司自身研发和制造。随着市场竞争环境的变化,比亚迪的动力电
池除了用于内部供应外,也开始对外销售,向其他新能源汽车制造商(如东风汽
车和长安汽车)供应。在此情形下,比亚迪与其供应动力电池的新能源汽车制造
商之间的关系变得复杂化:一方面,它们在新能源汽车销售市场上是竞争关系;
另一方面,由比亚迪供应动力电池的新能源汽车制造商又是比亚迪动力电池业务
的客户,二者之间存在合作关系。因此,在动力电池闭环供应链中,比亚迪与其
供应动力电池的新能源汽车制造商之间存在既竞争又合作(竞合)关系。尽管这
种竞合关系也存在于其他行业,如电信行业(Weisman 和 Kang,2001)和手机行
业(Qing 等,2017),但在新能源汽车行业中考虑竞合关系的动力电池产能分配
与回收优化策略还有待深入研究。在本章研究中,将有能力生产动力电池的新能
源汽车制造商(如比亚迪)称之为综合型新能源汽车制造商,而只能从外部采购
动力电池生产新能源汽车的制造商称之为组装型新能源汽车制造商。

　　上述现象带来的研究问题是:比亚迪(综合型新能源汽车制造商)是否应该
向其竞争对手(组装型新能源汽车制造商)供应动力电池?为此,本章分别考虑
不合作和合作两种情形进行深入探讨。在不合作情形下,比亚迪不向其竞争对手
供应动力电池,后者必须从其他专门的动力电池供应商(如宁德时代)购买动力
电池,二者之间仅存在竞争关系;在合作情形下,比亚迪分配部分动力电池产能
给其竞争对手,二者之间存在竞合关系。基于此,分别研究竞争和竞合两种情形
下两个新能源汽车制造商的最优订货量和产能分配与回收策略,探究组装型新能
源汽车制造商愿意从综合型新能源汽车制造商购买动力电池,综合型新能源汽车
制造商也愿意将动力电池产能分配给组装型新能源汽车制造商的条件。具体而

言，本章主要研究以下问题：①组装型新能源汽车制造商应该从综合型新能源汽车制造商购买动力电池吗？②综合型新能源汽车制造商应该向组装型新能源汽车制造商供应动力电池吗？如果供应，应分配多少产能给自己和组装型新能源汽车制造商？③关键参数（如动力电池价格）如何影响综合型新能源汽车制造商的最优动力电池产能分配策略？

与本章密切相关的研究主要涉及供应链产能分配策略研究。现有的文献大多探讨由一个制造商和多个零售商组成的供应链中的产能分配策略（Cachon 和 Lariviere，1999a；Cachon 和 Lariviere，1999b；Cho 和 Tang，2014）。例如，Cachon 和 Lariviere（1999a）对比研究了不同分配机制下供应商的产能选择、零售商的最优订货策略以及供应链绩效。Liu（2012）考虑两个零售商存在竞争的情形，探讨了供应商的产能分配问题。Chen 等（2013）以单个供应商和多个竞争性零售商组成的供应链为研究对象，探究了供应链中的产能分配策略。这些研究仅考虑了零售商需求独立或需求竞争情形下的产能分配策略，当供应商参与市场竞争时，供应商与零售商/制造商之间存在既竞争又合作的关系，这种竞合供应链研究已引起学者们的高度关注（Wang 等，2013；Niu 等，2015）。少量文献探讨了竞合供应链中的产能分配策略，Qing 等（2017）考虑供应商和制造商之间的竞合关系，研究了讨价还价情形下供应商的产能分配策略。然而，现有的研究仅考虑了正向供应链中的产能分配策略，本章根据新能源汽车行业特点，考虑动力电池回收情形，探讨动力电池闭环供应链中的新能源汽车动力电池产能分配与回收优化策略。

本章研究还与新能源汽车废旧动力电池回收再利用问题研究密切相关。现有文献大多从技术上探讨动力电池回收处理问题（Ku 等，2016；Diekmann 等，2017），或者分析动力电池回收再利用的经济和环境影响（Heymans 等，2014；Hao 等，2017），很少有研究关注考虑动力电池回收的运营决策问题（Gu 等，2017；Tang 等，2018），尤其是动力电池产能分配和回收率决策等。本章在现有研究基础上，从运营管理的角度深入研究考虑竞合关系的新能源汽车动力电池产能分配与回收优化策略。

5.2 模型描述

考虑由两个新能源汽车制造商和一个动力电池供应商构成的闭环供应链，其中新能源汽车制造商1(综合型新能源汽车制造商)可以生产动力电池供自己使用，新能源汽车制造商2(组装型新能源汽车制造商)不能生产动力电池，只能从制造商1或者动力电池供应商购买。在正向渠道中，两个制造商分别生产不同品牌的新能源汽车，在市场上相互竞争；在逆向渠道中，两个制造商回收再利用废旧动力电池以获取经济利益。

根据新能源汽车制造商1是否向新能源汽车制造商2供应动力电池，分别考虑两种不同的情形，如图5.1所示。其中，图5.1(a)为竞争模型，表示新能源汽车制造商1生产的动力电池仅用于内部供应，不向新能源汽车制造商2供应，制造商2必须从动力电池供应商采购动力电池；图5.1(b)为竞合模型，表示新能源汽车制造商1向新能源汽车制造商2供应动力电池。

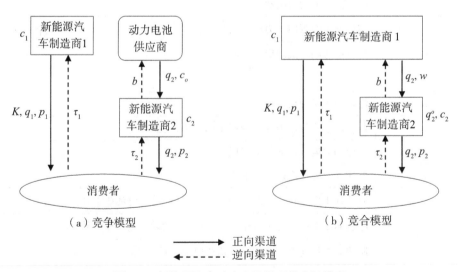

图 5.1　新能源汽车动力电池闭环供应链模型

新能源汽车动力电池闭环供应链中各成员决策过程如下：在竞争模型中，新能源汽车制造商1决策动力电池总产能并全部用于自己生产新能源汽车，新能源汽车制造商 2 同时决策其新能源汽车产量。在竞合模型中，首先，新能源汽车制造商 2 决策从新能源汽车制造商 1 处采购的动力电池数量；其次，新能源汽车制造商 1 决策构建的动力电池总产能和分配给新能源汽车制造商 2 的产能，剩余部分的产能用于自己生产新能源汽车；最后，两个新能源汽车制造商分别决策各自的废旧动力电池回收率。

新能源汽车的市场需求是确定性的，并且取决于其售价。逆需求函数为 $p_1 = \alpha - q_1 - \beta q_2$，$p_2 = \alpha - q_2 - \beta q_1$，其中 $\alpha > 0$，$\beta \in (0, 1)$。这种刻画需求的方法在许多文献中被广泛应用（Arya 等，2007；Liu，2012；Chen 等，2013；Cho 和 Tang，2014）。本章涉及的符号及其含义见表 5.1。

表 5.1　　　　　　　　　　　　　　符号及其含义

决策变量	
q_2^o	制造商 2 的动力电池订货量（竞合模型）
q_2	制造商 2 的新能源汽车产量
K	制造商 1 的动力电池总产能
τ_1	制造商 1 的废旧动力电池回收率
τ_2	制造商 2 的废旧动力电池回收率
模型参数	
α	潜在的市场规模
β	两个制造商生产的新能源汽车的竞争强度
F	构建动力电池产能的固定成本
c	构建动力电池产能的可变成本
c_1	制造商 1 生产新能源汽车的单位成本（除动力电池成本外）
c_2	制造商 2 生产新能源汽车的单位成本（除动力电池成本外）
c_o	制造商 2 从动力电池供应商购买电池的单位成本
w	制造商 1 的动力电池价格
γ	回收投资成本系数
b	从制造商 2 处回收单位废旧动力电池的转移支付价格

续表

模型参数	
v	单位废旧动力电池的残值
e	回收单位废旧动力电池的环境效益
其他符号	
q_1	制造商 1 的新能源汽车产量
p_1	制造商 1 的新能源汽车售价
p_2	制造商 2 的新能源汽车售价
Π_1	制造商 1 的利润
Π_2	制造商 2 的利润
Π_s	动力电池供应商的利润
CS	消费者剩余
E	回收废旧动力电池产生的总环境效益
SW	社会福利
NC/C	上标，竞争/竞合模型

5.3 基于竞合关系的动力电池产能分配与回收优化策略

本节以竞争模型为基准模型，分别对竞争和竞合情形下两个新能源汽车制造商的最优决策进行分析，探究基于竞合关系的新能源汽车动力电池产能分配与回收优化策略，并通过比较两种情形下新能源汽车制造商的利润，进一步得到两个新能源汽车制造商选择合作的条件。

5.3.1 竞争关系下的最优决策分析

在竞争模型中，新能源汽车制造商 1 不向新能源汽车制造商 2 供应动力电池，因此，新能源汽车制造商 2 必须从动力电池供应商处购买电池。该模型是一个两阶段的 Stackelberg 博弈模型。在第一阶段，制造商 1 构建其动力电池总产能 K，该产能全部用于生产自己的新能源汽车，因此也表示其新能源汽车产量，即

$q_1 = K$；制造商 2 从一个产能充足的动力电池供应商采购动力电池，显然，为最大化利益，动力电池供应商愿意满足制造商 2 的全部订单，因此，制造商 2 的订货量即为其新能源汽车产量 q_2。根据逆需求函数，制造商 1 和制造商 2 的新能源汽车售价分别为 $p_1 = \alpha - K - \beta q_2$ 和 $p_2 = \alpha - q_2 - \beta K$。在第二阶段，两个新能源汽车制造商分别决策各自的废旧动力电池回收率 τ_1 和 τ_2。

新能源汽车制造商 1 的利润包括两部分：一是从正向渠道通过销售新能源汽车所获得的利润，二是从逆向渠道通过回收废旧动力电池所获得的利润。其利润函数见式（5.1）：

$$\Pi_1 = \max_{K,\ \tau_1} \left\{ (\alpha - K - \beta q_2 - c_1)K - (F + cK) - \gamma \tau_1^2 + v\tau_1 K \right\} \tag{5.1}$$

式（5.1）中，$(\alpha - K - \beta q_2 - c_1)K$ 表示销售新能源汽车的利润，$F + cK$ 为生产动力电池的总产能构建成本，包括固定成本和可变成本。从消费者处回收废旧动力电池的成本为 $\gamma \tau_1^2$，该种刻画回收成本的方法在许多关于产品回收的文献中被广泛使用（Savaskan 等，2004；Savaskan 和 Van Wassenhove，2006；Chuang 等，2014；Panda 和 Modak，2017）。假设单位废旧动力电池的残值为 v，给定回收数量 $\tau_1 K$，则 $v\tau_1 K$ 表示新能源汽车制造商 1 回收废旧动力电池获得的总价值。

类似地，新能源汽车制造商 2 的利润包括正向渠道销售新能源汽车的利润和逆向渠道回收废旧动力电池的利润。其利润函数见式（5.2）：

$$\Pi_2 = \max_{q_2,\ \tau_2} \left\{ (\alpha - q_2 - \beta K - c_o - c_2)q_2 - \gamma \tau_2^2 + b\tau_2 q_2 \right\} \tag{5.2}$$

式（5.2）中，$(\alpha - q_2 - \beta K - c_o - c_2)q_2$ 表示新能源汽车制造商 2 销售新能源汽车的利润，$\gamma \tau_2^2$ 表示从消费者处回收废旧动力电池的成本。在实践中，由于废旧动力电池回收再利用涉及专业技术，只能由动力电池供应商处理，因此，新能源汽车制造商 2 回收废旧动力电池后必须将其转移给动力电池供应商。假设动力电池供应商从制造商 2 处回收单位废旧动力电池的转移支付价格为 b，则 $b\tau_2 q_2$ 表示新能源汽车制造商 2 转让废旧动力电池获得的总收益。与 Savaskan 等（2004）类似，假设回收成本函数中定义的系数 γ 较大，以保证 $\tau_1 < 1$ 和 $\tau_2 < 1$。该假设表明回收成本十分昂贵，因此，回收全部的废旧动力电池在经济上不可行。

通过求解式（5.1）和式（5.2）中的最大化问题，分别得到两个新能源汽车制造商的最优动力电池回收率 τ_1^* 和 τ_2^*，如引理 5.1 所述。

引理 5.1：给定制造商 1 的新能源汽车产量 K，其最优动力电池回收率 $\tau_1^* = \dfrac{vK}{2\gamma}$；给定制造商 2 的新能源汽车产量 q_2，其最优动力电池回收率 $\tau_2^* = \dfrac{bq_2}{2\gamma}$。

证明：在第二阶段，制造商 1 决策 τ_1 以最大化其利润。由式（5.1）可知，$\dfrac{\partial^2 \Pi_1}{\partial \tau_1^2} = -2\gamma < 0$，因此，$\Pi_1$ 是关于 τ_1 的凹函数。由一阶条件，可得 $\tau_1^* = \dfrac{vK}{2\gamma}$。类似的，制造商 2 决策 τ_2 以最大化其利润。由式（5.2）可知，$\dfrac{\partial^2 \Pi_2}{\partial \tau_2^2} = -2\gamma < 0$，因此，$\Pi_2$ 是关于 τ_2 的凹函数。由一阶条件，可得 $\tau_2^* = \dfrac{bq_2}{2\gamma}$。证毕。

引理 5.1 表明，对于每个新能源汽车制造商来说，最优动力电池回收率都随着自己的新能源汽车产量增加而增加，同时，最优回收率也随着转移支付价格 b 和单位废旧动力电池残值 v 的增加而增加。

在第一阶段，两个新能源汽车制造商决策各自的新能源汽车产量。

引理 5.2：制造商 2 的最优新能源汽车产量 $q_2^* = \dfrac{2\gamma\left[(4\gamma - v^2)(\alpha - c_o - c_2) - 2\beta\gamma(\alpha - c - c_1)\right]}{(4\gamma - v^2)(4\gamma - b^2) - 4\beta^2\gamma^2}$；制造商 1 的最优动力电池总产能和新能源汽车产量为 $K^* = q_1^* = \dfrac{2\gamma\left[(4\gamma - b^2)(\alpha - c - c_1) - 2\beta\gamma(\alpha - c_o - c_2)\right]}{(4\gamma - v^2)(4\gamma - b^2) - 4\beta^2\gamma^2}$。

证明：在第一阶段，制造商 1 决策 K 以最大化其利润。将 $\tau_1^* = \dfrac{vK}{2\gamma}$ 代入式（5.1）中，可得 $\Pi_1 = \max\limits_{K}\left\{(\alpha - K - \beta q_2 - c_1 - c)K - F + \dfrac{v^2 K^2}{4\gamma}\right\}$，由 $\dfrac{\partial^2 \Pi_1}{\partial K^2} = \dfrac{v^2 - 4\gamma}{2\gamma} < 0$ 可知，Π_1 是关于 K 的凹函数，由一阶条件，可得 $K = \dfrac{2\gamma(\alpha - c - c_1 - \beta q_2)}{4\gamma - v^2}$。

制造商 2 决策 q_2 以最大化其利润。将 $\tau_2^* = \dfrac{bq_2}{2\gamma}$ 代入式（5.2）中，可得 $\Pi_2 = \max\limits_{q_2}\left\{(\alpha - q_2 - \beta K - c_2 - c_o)q_2 + \dfrac{b^2 q_2^2}{4\gamma}\right\}$。由 $\dfrac{\partial^2 \Pi_2}{\partial q_2^2} = \dfrac{b^2 - 4\gamma}{2\gamma} < 0$ 可知，Π_2 是关于

q_2 的凹函数，由一阶条件，可得 $q_2 = \dfrac{2\gamma(\alpha - c_o - c_2 - \beta K)}{4\gamma - b^2}$。

联立等式 $K = \dfrac{2\gamma(\alpha - c - c_1 - \beta q_2)}{4\gamma - v^2}$ 和 $q_2 = \dfrac{2\gamma(\alpha - c_o - c_2 - \beta K)}{4\gamma - b^2}$ 求解，可得

$$K^* = q_1^* = \frac{2\gamma\left[(4\gamma - b^2)(\alpha - c - c_1) - 2\beta\gamma(\alpha - c_o - c_2)\right]}{(4\gamma - v^2)(4\gamma - b^2) - 4\beta^2\gamma^2},$$

$$q_2^* = \frac{2\gamma\left[(4\gamma - v^2)(\alpha - c_o - c_2) - 2\beta\gamma(\alpha - c - c_1)\right]}{(4\gamma - v^2)(4\gamma - b^2) - 4\beta^2\gamma^2}。$$

证毕。

由引理 5.2 可知，每个制造商的新能源汽车产量都随着自己的生产成本增加而减少，但却随着竞争对手的生产成本增加而增加。定义 $\bar{c}_o = \alpha - c_2 - \dfrac{2\beta\gamma(\alpha - c - c_1)}{4\gamma - v^2}$，为保证新能源汽车产量非负，有 $c_o \leqslant \bar{c}_o$。

5.3.2　竞合关系下的最优决策分析

在竞合模型中，新能源汽车制造商 2 从新能源汽车制造商 1 处采购动力电池。两个制造商之间的交易是一个三阶段的 Stackelberg 博弈。在第一阶段，制造商 2 决策动力电池订货量 q_2^o。在第二阶段，制造商 1 决策动力电池总产能 K 和分配给制造商 2 的动力电池产能 q_2，由于制造商 1 分配的产能不可能超过制造商 2 的订货量，因此，有 $q_2 \leqslant q_2^o$，制造商 2 得到的动力电池数量为 q_2，制造商 1 留给自己的动力电池数量 $q_1 = K - q_2$。在第三阶段，两个制造商分别决策各自的废旧动力电池回收率 τ_1 和 τ_2。

新能源汽车制造商 1 的利润包括两部分：一是从正向渠道销售动力电池和新能源汽车获得的利润，二是从逆向渠道回收废旧动力电池获得的利润。新能源汽车售价 $p_1 = \alpha - (K - q_2) - \beta q_2$。新能源汽车制造商 1 的利润函数见式(5.3)：

$$\Pi_1 = \max_{K, q_2, \tau_1} \left\{ \begin{array}{c} \left[\alpha - (K - q_2) - \beta q_2 - c_1\right](K - q_2) + wq_2 - (F + cK) \\ -\gamma\tau_1^2 - b\tau_2 q_2 + v\left[\tau_1(K - q_2) + \tau_2 q_2\right] \end{array} \right\} \tag{5.3}$$

$$\text{s. t.}\quad 0 \leqslant q_2 \leqslant q_2^o \tag{5.4}$$

与竞争模型类似，式(5.3)中，$\left[\alpha - (K - q_2) - \beta q_2 - c_1\right](K - q_2)$ 表示销售新

能源汽车的利润，wq_2 为销售动力电池的收益，$F + cK$ 为生产动力电池的总产能构建成本，$\gamma\tau_1^2$ 表示从消费者处回收废旧动力电池的成本，$b\tau_2q_2$ 为从制造商 2 处回收废旧动力电池的成本，$v[\tau_1(K - q_2) + \tau_2q_2]$ 表示回收废旧动力电池获得的总价值。式(5.4)中的约束表明，制造商 1 分配给制造商 2 的动力电池产能不会超过其订货量。

新能源汽车制造商 2 通过决策动力电池订货量和回收率，从而最大化自己的利润。其利润函数见式(5.5)：

$$\Pi_2 = \max_{q_2^o, \ \tau_2}\{[\alpha - q_2 - \beta(K - q_2) - w - c_2]q_2 - \gamma\tau_2^2 + b\tau_2q_2\} \qquad (5.5)$$

式(5.5)中，$[\alpha - q_2 - \beta(K - q_2) - w - c_2]q_2$ 表示制造商 2 销售新能源汽车的利润，$\gamma\tau_2^2$ 表示从消费者处回收废旧动力电池的成本，$b\tau_2q_2$ 为向制造商 1 转让废旧动力电池的收益。

两个新能源汽车制造商的利润最大化问题可采用逆向归纳法求解（Geng 和 Mallik，2007）。首先分析第三阶段。给定 q_2^o，K 和 q_2，两个制造商分别决策各自的动力电池回收率 τ_1 和 τ_2。通过求解式(5.3)~式(5.5)的最大化问题，得到最优的回收率 τ_1^* 和 τ_2^*。

引理 5.3：在第三阶段，给定 q_2^o，K 和 q_2，制造商 1 的最优废旧动力电池回收率 $\tau_1^* = \dfrac{v(K - q_2)}{2\gamma}$，制造商 2 的最优废旧动力电池回收率 $\tau_2^* = \dfrac{bq_2}{2\gamma}$。

证明：在第三阶段，制造商 1 决策 τ_1 以最大化其利润。由式(5.3)可知，$\dfrac{\partial^2\Pi_1}{\partial\tau_1^2} = -2\gamma < 0$，因此，$\Pi_1$ 是关于 τ_1 的凹函数。由一阶条件，可得 $\tau_1^* = \dfrac{v(K - q_2)}{2\gamma}$。

类似地，制造商 2 决策 τ_2 以最大化其利润。由式(5.5)可知，$\dfrac{\partial^2\Pi_2}{\partial\tau_2^2} = -2\gamma < 0$，因此，$\Pi_2$ 是关于 τ_2 的凹函数。由一阶条件，可得 $\tau_2^* = \dfrac{bq_2}{2\gamma}$。证毕。

引理 5.3 表明，对于每个新能源汽车制造商来说，最优回收率随着其分配到的动力电池产能增加而增加。所以，制造商 1 可以分配更多的动力电池产能给制造商 2 以激励其回收废旧动力电池。

在第二阶段，给定新能源汽车制造商 2 的动力电池订货量 q_2^o，新能源汽车制造商 1 决策其最优的动力电池总产能 K^* 以及分配给自己和新能源汽车制造商 2 的动力电池产能 q_1^* 和 q_2^*。为便于阐述，定义 $A_1 = \dfrac{-2\gamma(4\gamma - v^2)}{(4\gamma - v^2)b(v - b) + 2\beta^2\gamma^2}$，

$$A_2 = \frac{2\gamma\left[(4\gamma - v^2)c + 2\beta\gamma(\alpha - c - c_1)\right]}{(4\gamma - v^2)b(v - b) + 2\beta^2\gamma^2}。$$

引理 5.4： 在第二阶段，假定新能源汽车制造商 2 的动力电池订货量为 q_2^o，新能源汽车制造商 1 的最佳反应决策如下：

（1）若 $q_2^o < A_1 w + A_2$，则 $K^* = \dfrac{2\gamma(\alpha - c - c_1)}{4\gamma - v^2}$，$q_2^* = 0$，$q_1^* = \dfrac{2\gamma(\alpha - c - c_1)}{4\gamma - v^2}$；

（2）若 $q_2^o \geqslant A_1 w + A_2$，则 $K^* = \dfrac{2\gamma(\alpha - c - c_1) + (4\gamma - v^2 - 2\beta\gamma)q_2^o}{4\gamma - v^2}$，

$q_2^* = q_2^o$，$q_1^* = \dfrac{2\gamma(\alpha - c - c_1 - \beta q_2^o)}{4\gamma - v^2}$。

证明： 在第二阶段，制造商 1 决策 K 和 q_2 以最大化其利润。将 $\tau_1^* = \dfrac{v(K - q_2)}{2\gamma}$ 和 $\tau_2^* = \dfrac{bq_2}{2\gamma}$ 代入式（5.3）中，可得：

$$\Pi_1 = \max_{K, q_2}\left\{\begin{array}{l}[\alpha - (K - q_2) - \beta q_2 - c_1](K - q_2) + wq_2 \\[2mm] -(F + cK) + \dfrac{v^2(K - q_2)^2}{4\gamma} + \dfrac{bq_2^2(v - b)}{2\gamma}\end{array}\right\} \tag{5.6}$$

$$\text{s. t.} \quad 0 \leqslant q_2 \leqslant q_2^o \tag{5.7}$$

由式（5.6）可知，Π_1 是关于 K 的凹函数，由一阶条件，可得 $K^* = \dfrac{2\gamma(\alpha - c - c_1) + (4\gamma - v^2 - 2\beta\gamma)q_2}{4\gamma - v^2}$。将 K^* 代入式（5.6）中，可得：

$$\Pi_1 = \max_{q_2}\left\{\begin{array}{l}\left[\alpha - \dfrac{2\gamma(\alpha - c - c_1 - \beta q_2)}{4\gamma - v^2} - \beta q_2 - c_1\right]\dfrac{2\gamma(\alpha - c - c_1 - \beta q_2)}{4\gamma - v^2} + wq_2 \\[4mm] -F - c\left[\dfrac{2\gamma(\alpha - c - c_1 - \beta q_2)}{4\gamma - v^2} + q_2\right] + \dfrac{\gamma v^2(\alpha - c - c_1 - \beta q_2)^2}{(4\gamma - v^2)^2} + \dfrac{bq_2^2(v - b)}{2\gamma}\end{array}\right\}$$

$$\tag{5.8}$$

由式(5.8)可知，Π_1 是关于 q_2 的凸函数。考虑到式(5.7)中的约束条件，可知，q_2^* 等于0或 q_2^o。当 $q_2 = 0$ 时，$\Pi_1(0) = \dfrac{Fv^2 + \gamma[(\alpha-c)^2 + c_1(2c - 2\alpha + c_1) - 4F]}{4\gamma - v^2}$；当 $q_2 = q_2^o$ 时，

$$\Pi_1(q_2^o) = \frac{b(v-b)(4\gamma-v^2)(q_2^o)^2 + 2\gamma\{v^2[F+(c-w)q_2^o] + [(c-\alpha)^2 - 4F + c_1^2 + 2c_1(c-\alpha+\beta q_2^o) + q_2^o(4w+2c(\beta-2)-2\alpha\beta+\beta^2 q_2^o)]\gamma\}}{2\gamma(4\gamma-v^2)}。$$

定义 $f(q_2^o) = \Pi_1(q_2^o) - \Pi_1(0) = \dfrac{\{[b(v-b)(4\gamma-v^2)+2\beta^2\gamma^2]q_2^o + 2\gamma[(4\gamma-v^2)(w-c)+2\beta\gamma(c-\alpha+c_1)]\}q_2^o}{2\gamma(4\gamma-v^2)}。$

接下来，比较 $\Pi_1(q_2^o)$ 和 $\Pi_1(0)$。令 $f(q_2^o) = 0$，可得其两个根 $r_1 = 0$，

$$r_2 = \frac{-2\gamma[(4\gamma-v^2)(w-c)+2\beta\gamma(c-\alpha+c_1)]}{b(v-b)(4\gamma-v^2)+2\beta^2\gamma^2}。$$

（1）当 $(4\gamma-v^2)(w-c)+2\beta\gamma(c-\alpha+c_1) \leq 0$ 时，有 $r_1 = 0$，$r_2 \geq 0$。显然可得，当 $0 \leq q_2^o < r_2$ 时，$f(q_2^o) = \Pi_1(q_2^o) - \Pi_1(0) \leq 0$，因此，$q_2^* = 0$；当 $q_2^o \geq r_2$ 时，$f(q_2^o) = \Pi_1(q_2^o) - \Pi_1(0) \geq 0$，因此，$q_2^* = q_2^o$。

（2）当 $(4\gamma-v^2)(w-c)+2\beta\gamma(c-\alpha+c_1) > 0$ 时，有 $r_1 = 0$，$r_2 < 0$。显然可得，$f(q_2^o) = \Pi_1(q_2^o) - \Pi_1(0) \geq 0$ 恒成立，因此，$q_2^* = q_2^o$。

由 $(4\gamma-v^2)(w-c)+2\beta\gamma(c-\alpha+c_1) \leq 0$ 可得，$w \leq \dfrac{(4\gamma-v^2)c+2\beta\gamma(\alpha-c-c_1)}{4\gamma-v^2}$。综上所述，新能源汽车制造商 1 的最优决策如下：

（1）当 $w \leq \dfrac{(4\gamma-v^2)c+2\beta\gamma(\alpha-c-c_1)}{4\gamma-v^2}$ 且 $0 \leq q_2^o < r_2$ 时，$K^* = \dfrac{2\gamma(\alpha-c-c_1)}{4\gamma-v^2}$，$q_2^* = 0$，$q_1^* = \dfrac{2\gamma(\alpha-c-c_1)}{4\gamma-v^2}$；

（2）当 $w \leq \dfrac{(4\gamma-v^2)c+2\beta\gamma(\alpha-c-c_1)}{4\gamma-v^2}$ 且 $q_2^o \geq r_2$ 或 $w > \dfrac{(4\gamma-v^2)c+2\beta\gamma(\alpha-c-c_1)}{4\gamma-v^2}$ 时，$K^* = \dfrac{2\gamma(\alpha-c-c_1)+(4\gamma-v^2-2\beta\gamma)q_2^o}{4\gamma-v^2}$，

$q_2^* = q_2^o$，$q_1^* = \dfrac{2\gamma(\alpha-c-c_1-\beta q_2^o)}{4\gamma-v^2}$。

定义 $A_1 = \dfrac{-2\gamma(4\gamma - v^2)}{(4\gamma - v^2)b(v - b) + 2\beta^2\gamma^2}$，$A_2 = \dfrac{2\gamma[(4\gamma - v^2)c + 2\beta\gamma(\alpha - c - c_1)]}{(4\gamma - v^2)b(v - b) + 2\beta^2\gamma^2}$，

可得：

（1）若 $q_2^o < A_1 w + A_2$，则 $K^* = \dfrac{2\gamma(\alpha - c - c_1)}{4\gamma - v^2}$，$q_2^* = 0$，$q_1^* = \dfrac{2\gamma(\alpha - c - c_1)}{4\gamma - v^2}$；

（2）若 $q_2^o \geqslant A_1 w + A_2$，则 $K^* = \dfrac{2\gamma(\alpha - c - c_1) + (4\gamma - v^2 - 2\beta\gamma)q_2^o}{4\gamma - v^2}$，$q_2^* = q_2^o$，

$q_1^* = \dfrac{2\gamma(\alpha - c - c_1 - \beta q_2^o)}{4\gamma - v^2}$。证毕。

引理 5.4 显示了新能源汽车制造商 2 的订货决策对新能源汽车制造商 1 的动力电池产能分配策略的影响。为更好地理解这一影响，图 5.2 描述了新能源汽车制造商 1 在不同区域内的最优动力电池产能分配策略。

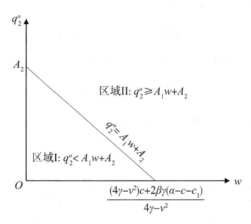

图 5.2　新能源汽车制造商 1 的最优动力电池产能分配策略

如图 5.2 所示，新能源汽车制造商 1 要么不分配动力电池产能给新能源汽车制造商 2，要么分配给其的产能等于其订货量。在区域 I 中，当制造商 2 的订货量较小时，制造商 1 销售动力电池获得的利润不能弥补由于新能源汽车市场竞争造成的损失，因此，不分配动力电池产能给制造商 2；反之，在区域 II 中，当制造商 2 的订货量较大时，由于制造商 1 销售动力电池的利润高于在新能源汽车市场竞争带来的损失，因而，制造商 1 会满足制造商 2 的全部订单。

此外，新能源汽车市场的竞争强度也影响着制造商 1 的动力电池产能分配策略。当制造商 1 分配动力电池产能给制造商 2 时，其分配给自己的动力电池产能随着竞争强度的增大而减小。随着竞争的加剧，制造商 1 在新能源汽车市场的边际利润下降，该市场对其的吸引力降低，在此情形下，制造商 1 选择分配更少的产能给自己，分配更多的产能给制造商 2，从而可以通过出售动力电池获得更多的利润。

在第一阶段，新能源汽车制造商 2 决策其最优的动力电池订货量 q_2^{o*}。在式 (5.5) 中，尽管制造商 2 的利润函数中不包含 q_2^o，但如引理 5.4 所述，q_2^o 可以决定 q_2，因此，制造商 2 可以通过决策 q_2^o 从而最大化自己的利润。

为了便于阐述，定义 $A_3 = (4\gamma - v^2)c + 2\beta\gamma(\alpha - c - c_1)$，$A_4 = (4\gamma - v^2)(4\gamma - b^2) - 8\beta^2\gamma^2$，$A_5 = (4\gamma - v^2)b(v - b) + 2\beta^2\gamma^2$，$A_6 = (4\gamma - v^2)(\alpha - c_2) - 2\beta\gamma(\alpha - c - c_1)$。引理 5.5 描述了两个新能源汽车制造商的最优决策。

引理 5.5：定义 $\widetilde{w} = \min\left\{\dfrac{A_3}{4\gamma - v^2}, \dfrac{A_3 A_4 - A_5 A_6}{(4\gamma - v^2)(A_4 - A_5)}\right\}$。两个新能源汽车制造商的最优决策如下：

(1) 若 $w \leqslant \widetilde{w}$，则 $q_2^{o*} = \dfrac{2\gamma[A_3 - (4\gamma - v^2)w]}{A_5}$，

$$K^* = \frac{2\gamma(\alpha - c - c_1)A_5 + 2\gamma[A_3 - (4\gamma - v^2)w](4\gamma - v^2 - 2\beta\gamma)}{(4\gamma - v^2)A_5},$$

$$q_2^* = \frac{2\gamma[A_3 - (4\gamma - v^2)w]}{A_5}, \quad q_1^* = \frac{2\gamma\{(\alpha - c - c_1)A_5 - 2\beta\gamma[A_3 - (4\gamma - v^2)w]\}}{(4\gamma - v^2)A_5};$$

(2) 若 $w > \widetilde{w}$，则 $q_2^{o*} = \dfrac{2\gamma[A_6 - (4\gamma - v^2)w]}{A_4}$，$K^* = \dfrac{2\gamma(\alpha - c - c_1)A_4 + 2\gamma[A_6 - (4\gamma - v^2)w](4\gamma - v^2 - 2\beta\gamma)}{(4\gamma - v^2)A_4}$，

$$q_2^* = \frac{2\gamma[A_6 - (4\gamma - v^2)w]}{A_4}, \quad q_1^* = \frac{2\gamma\{(\alpha - c - c_1)A_4 - 2\beta\gamma[A_6 - (4\gamma - v^2)w]\}}{(4\gamma - v^2)A_4}。$$

证明：在第一阶段，新能源汽车制造商 2 决策动力电池订货量 q_2^o 以最大化其利润。若制造商 2 选择引理 5.4 中的策略 (1)，则制造商 1 不会给其分配动力电池产能，其利润为 0。为最大化其利润，制造商 2 不会选择这一策略。换言之，策略 (1) 对制造商 2 是次优的。因此，仅考虑制造商 2 选择策略 (2) 的情况。通

过引理 5.3 和引理 5.4，可得 $K^* = \dfrac{2\gamma(\alpha - c - c_1) + (4\gamma - v^2 - 2\beta\gamma)q_2^o}{4\gamma - v^2}$，$q_2^* =$

q_2^o，$\tau_2^* = \dfrac{bq_2^o}{2\gamma}$。考虑到引理 5.4 策略(2)中关于 w 的约束，式(5.5)中的利润函数

可转化为：

(1)当 $w \leqslant \dfrac{(4\gamma - v^2)c + 2\beta\gamma(\alpha - c - c_1)}{4\gamma - v^2}$ 时，

$$\Pi_2 = \max_{q_2^o}\left\{\left[\alpha - w - c_2 - \dfrac{2\beta\gamma(\alpha - c - c_1) + (4\gamma - v^2 - 2\beta^2\gamma)q_2^o}{4\gamma - v^2}\right]q_2^o + \dfrac{b^2(q_2^o)^2}{4\gamma}\right\}$$

$$(5.9)$$

$$\text{s. t.} \quad q_2^o \geqslant \dfrac{-2\gamma\left[(4\gamma - v^2)w - (4\gamma - v^2 - 2\beta\gamma)c - 2\beta\gamma(\alpha - c_1)\right]}{b(v - b)(4\gamma - v^2) + 2\beta^2\gamma^2}$$

$$(5.10)$$

(2)当 $w > \dfrac{(4\gamma - v^2)c + 2\beta\gamma(\alpha - c - c_1)}{4\gamma - v^2}$ 时，

$$\Pi_2 = \max_{q_2^o}\left\{\left[\alpha - w - c_2 - \dfrac{2\beta\gamma(\alpha - c - c_1) + (4\gamma - v^2 - 2\beta^2\gamma)q_2^o}{4\gamma - v^2}\right]q_2^o + \dfrac{b^2(q_2^o)^2}{4\gamma}\right\}$$

$$(5.11)$$

首先分析情形(1)。由式(5.9)可知，Π_2 是关于 q_2^o 的凹函数，由一阶条件，

可得 $q_2^o = \dfrac{2\gamma\left[(4\gamma - v^2)(\alpha - c_2 - w) - 2\beta\gamma(\alpha - c - c_1)\right]}{(4\gamma - b^2)(4\gamma - v^2) - 8\beta^2\gamma^2}$。考虑到式(5.10)中

的约束条件，显然可得：当 $\dfrac{2\gamma\left[(4\gamma - v^2)(\alpha - c_2 - w) - 2\beta\gamma(\alpha - c - c_1)\right]}{(4\gamma - b^2)(4\gamma - v^2) - 8\beta^2\gamma^2} \leqslant$

$\dfrac{-2\gamma\left[(4\gamma - v^2)w - (4\gamma - v^2 - 2\beta\gamma)c - 2\beta\gamma(\alpha - c_1)\right]}{b(v - b)(4\gamma - v^2) + 2\beta^2\gamma^2}$ 时，

$q_2^{o*} = \dfrac{-2\gamma\left[(4\gamma - v^2)w - (4\gamma - v^2 - 2\beta\gamma)c - 2\beta\gamma(\alpha - c_1)\right]}{b(v - b)(4\gamma - v^2) + 2\beta^2\gamma^2}$；反之，

$q_2^{o*} = \dfrac{2\gamma\left[(4\gamma - v^2)(\alpha - c_2 - w) - 2\beta\gamma(\alpha - c - c_1)\right]}{(4\gamma - b^2)(4\gamma - v^2) - 8\beta^2\gamma^2}$。

其次，分析情形(2)。由式(5.11)可知，Π_2 是关于 q_2^o 的凹函数，由一阶条

件，可得 $q_2^{o*} = \dfrac{2\gamma\left[(4\gamma - v^2)(\alpha - c_2 - w) - 2\beta\gamma(\alpha - c - c_1)\right]}{(4\gamma - b^2)(4\gamma - v^2) - 8\beta^2\gamma^2}$。

由 $\dfrac{2\gamma\left[(4\gamma - v^2)(\alpha - c_2 - w) - 2\beta\gamma(\alpha - c - c_1)\right]}{(4\gamma - b^2)(4\gamma - v^2) - 8\beta^2\gamma^2} \leqslant \dfrac{-2\gamma\left[(4\gamma - v^2)w - (4\gamma - v^2 - 2\beta\gamma)c - 2\beta\gamma(\alpha - c_1)\right]}{b(v - b)(4\gamma - v^2) + 2\beta^2\gamma^2}$ 可得，$w \leqslant$

$$\dfrac{\left[(4\gamma - b^2)(4\gamma - v^2) - 8\beta^2\gamma^2\right]\left[2\beta\gamma(\alpha - c - c_1) + (4\gamma - v^2)c\right] - \left[b(v - b)(4\gamma - v^2) + 2\beta^2\gamma^2\right]\left[(4\gamma - v^2)(\alpha - c_2) - 2\beta\gamma(\alpha - c - c_1)\right]}{(4\gamma - v^2)\left[(4\gamma - bv)(4\gamma - v^2) - 10\beta^2\gamma^2\right]}$$。

为了便于阐述，定义 $A_3 = (4\gamma - v^2)c + 2\beta\gamma(\alpha - c - c_1)$，$A_4 = (4\gamma - v^2)(4\gamma - b^2) - 8\beta^2\gamma^2$，$A_5 = (4\gamma - v^2)b(v - b) + 2\beta^2\gamma^2$，$A_6 = (4\gamma - v^2)(\alpha - c_2) - 2\beta\gamma(\alpha - c - c_1)$，$\widetilde{w} = \min\left\{\dfrac{A_3}{4\gamma - v^2},\ \dfrac{A_3 A_4 - A_5 A_6}{(4\gamma - v^2)(A_4 - A_5)}\right\}$。

综上所述，两个新能源汽车制造商的最优决策如下：

（1）若 $w \leqslant \widetilde{w}$，则 $q_2^{o*} = \dfrac{2\gamma\left[A_3 - (4\gamma - v^2)w\right]}{A_5}$，$K^* = \dfrac{2\gamma(\alpha - c - c_1)A_5 + 2\gamma\left[A_3 - (4\gamma - v^2)w\right](4\gamma - v^2 - 2\beta\gamma)}{(4\gamma - v^2)A_5}$，

$q_2^* = \dfrac{2\gamma\left[A_3 - (4\gamma - v^2)w\right]}{A_5}$，$q_1^* = \dfrac{2\gamma\left\{(\alpha - c - c_1)A_5 - 2\beta\gamma\left[A_3 - (4\gamma - v^2)w\right]\right\}}{(4\gamma - v^2)A_5}$；

（2）若 $w > \widetilde{w}$，则 $q_2^{o*} = \dfrac{2\gamma\left[A_6 - (4\gamma - v^2)w\right]}{A_4}$，

$$K^* = \dfrac{2\gamma(\alpha - c - c_1)A_4 + 2\gamma\left[A_6 - (4\gamma - v^2)w\right](4\gamma - v^2 - 2\beta\gamma)}{(4\gamma - v^2)A_4}，$$

$q_2^* = \dfrac{2\gamma\left[A_6 - (4\gamma - v^2)w\right]}{A_4}$，$q_1^* = \dfrac{2\gamma\left\{(\alpha - c - c_1)A_4 - 2\beta\gamma\left[A_6 - (4\gamma - v^2)w\right]\right\}}{(4\gamma - v^2)A_4}$。

证毕。

引理 5.5 表明，新能源汽车制造商 2 的最优订货策略主要取决于新能源汽车制造商 1 的动力电池价格 w。可以发现，当动力电池价格低于某一阈值时，制造商 2 的订货量与其新能源汽车生产成本无关。此外，由于先行者优势，在均衡状态下，无论动力电池价格多少，新能源汽车制造商 1 总是向新能源汽车制造商 2 供应动力电池。具体而言，作为 Stackelberg 博弈的领导者，制造商 2 首先在第一阶段做出订货决策，为避免出现分不到动力电池的不利情形，将其订货量调整到

一定阈值以上，从而使得制造商 1 会分配动力电池产能给自己，实现双赢。

5.3.3 两种情形下制造商利润比较分析

在竞争模型中，新能源汽车制造商 1 生产动力电池仅供自己使用；而在竞合模型中，新能源汽车制造商 1 同时将动力电池销售给自己的竞争对手新能源汽车制造商 2。本小节通过比较竞争和竞合两种情形下新能源汽车制造商的利润，探究两个制造商选择合作的条件。

为了便于阐述，定义 $B_1 = \dfrac{2\gamma[A_6 - (4\gamma - v^2)w]}{A_4}$，$\hat{c}_o = \alpha - c_2 - \dfrac{(4\gamma - b^2)(\alpha - c - c_1)}{2\beta\gamma} +$

$$\dfrac{[(4\gamma - v^2)(4\gamma - b^2) - 4\beta^2\gamma^2]\sqrt{\dfrac{b(v-b)B_1^2 + 2\gamma(w-c)B_1}{2\gamma^2}(4\gamma - v^2) + (\alpha - c - c_1 - \beta B_1)^2}}{2\beta\gamma(4\gamma - v^2)}。$$

命题 5.1：新能源汽车制造商 1 选择合作的条件如下：

(1) 当 $w > \widetilde{w}$ 且 $c_o \leqslant \hat{c}_o$ 或 $w \leqslant \widetilde{w}$ 时，制造商 1 选择合作，即向制造商 2 供应动力电池；

(2) 当 $w > \widetilde{w}$ 且 $c_o > \hat{c}_o$ 时，制造商 1 选择不合作，即不向制造商 2 供应动力电池。

证明：根据引理 5.1 和引理 5.2，将制造商 1 的最优决策 K^* 和 τ_1^* 代入式 (5.1) 中，可得竞争模型中制造商 1 的利润为 $\Pi_1^{NC*} = \dfrac{\gamma(4\gamma - v^2)[(4\gamma - b^2)(\alpha - c - c_1) - 2\beta\gamma(\alpha - c_o - c_2)]^2}{[(4\gamma - v^2)(4\gamma - b^2) - 4\beta^2\gamma^2]^2} - F$。

根据引理 5.3~引理 5.5，将制造商 1 的最优决策 K^*，q_2^* 和 τ_1^* 代入式 (5.3) 中，可得竞合模型中制造商 1 的利润。当 $w \leqslant \widetilde{w}$ 时，$\Pi_1^{C*} = \dfrac{\gamma(\alpha - c - c_1)^2}{4\gamma - v^2} - F$；

当 $w > \widetilde{w}$ 时，$\Pi_1^{C*} = (w - c)q_2^* + \dfrac{b(v-b)(q_2^*)^2}{2\gamma} + \dfrac{\gamma(\alpha - c - c_1 - \beta q_2^*)^2}{4\gamma - v^2} - F$（其

中，$q_2^* = \dfrac{2\gamma[A_6 - (4\gamma - v^2)w]}{A_4}$）。

接下来，比较 Π_1^{NC*} 和 Π_1^{C*}。

（1）当 $w \leqslant \widetilde{w}$ 时，

$$\Pi_1^{C*} - \Pi_1^{NC*} = \frac{\gamma(\alpha - c - c_1)^2}{4\gamma - v^2} - F - \left\{ \frac{\gamma(4\gamma - v^2)[(4\gamma - b^2)(\alpha - c - c_1) - 2\beta\gamma(\alpha - c_o - c_2)]^2}{[(4\gamma - v^2)(4\gamma - b^2) - 4\beta^2\gamma^2]^2} - F \right\} \geqslant 0$$

$$\Leftrightarrow \alpha - c - c_1 - \frac{(4\gamma - v^2)[(4\gamma - b^2)(\alpha - c - c_1) - 2\beta\gamma(\alpha - c_o - c_2)]}{(4\gamma - v^2)(4\gamma - b^2) - 4\beta^2\gamma^2} \geqslant 0 \Leftrightarrow c_o \leqslant \alpha - c_2 -$$

$\dfrac{2\beta\gamma(\alpha - c - c_1)}{4\gamma - v^2}$。此不等式恒成立。有 $\Pi_1^{C*} - \Pi_1^{NC*} \geqslant 0$。在此情形下，制造商 1 应向制造商 2 供应动力电池。

（2）当 $w > \widetilde{w}$ 时，

$$\Pi_1^{C*} - \Pi_1^{NC*} = (w - c)q_2^* + \frac{b(v - b)(q_2^*)^2}{2\gamma} + \frac{\gamma(\alpha - c - c_1 - \beta q_2^*)^2}{4\gamma - v^2} - F -$$

$$\left\{ \frac{\gamma(4\gamma - v^2)[(4\gamma - b^2)(\alpha - c - c_1) - 2\beta\gamma(\alpha - c_o - c_2)]^2}{[(4\gamma - v^2)(4\gamma - b^2) - 4\beta^2\gamma^2]^2} - F \right\} \geqslant 0$$

$$\Leftrightarrow \sqrt{\frac{b(v - b)(q_2^*)^2 + 2\gamma(w - c)q_2^*}{2\gamma^2}(4\gamma - v^2) + (\alpha - c - c_1 - \beta q_2^*)^2}$$

$$- \frac{(4\gamma - v^2)[(4\gamma - b^2)(\alpha - c - c_1) - 2\beta\gamma(\alpha - c_o - c_2)]}{[(4\gamma - v^2)(4\gamma - b^2) - 4\beta^2\gamma^2]} \geqslant 0 \Leftrightarrow c_o \leqslant \alpha - c_2 - \frac{(4\gamma - b^2)(\alpha - c - c_1)}{2\beta\gamma}$$

$$+ \frac{[(4\gamma - v^2)(4\gamma - b^2) - 4\beta^2\gamma^2]\sqrt{\frac{b(v - b)(q_2^*)^2 + 2\gamma(w - c)q_2^*}{2\gamma^2}(4\gamma - v^2) + (\alpha - c - c_1 - \beta q_2^*)^2}}{2\beta\gamma(4\gamma - v^2)}$$。因此，当

$$c_o \leqslant \alpha - c_2 - \frac{(4\gamma - b^2)(\alpha - c - c_1)}{2\beta\gamma} + \frac{[(4\gamma - v^2)(4\gamma - b^2) - 4\beta^2\gamma^2]\sqrt{\frac{b(v - b)(q_2^*)^2 + 2\gamma(w - c)q_2^*}{2\gamma^2}(4\gamma - v^2) + (\alpha - c - c_1 - \beta q_2^*)^2}}{2\beta\gamma(4\gamma - v^2)}$$

时，$\Pi_1^{C*} - \Pi_1^{NC*} \geqslant 0$。在此情形下，制造商 1 应向制造商 2 供应动力电池。反之，当 c_o 大于该阈值时，制造商 1 不应向制造商 2 供应动力电池。

为了便于阐述，定义 $B_1 = \dfrac{2\gamma[A_6 - (4\gamma - v^2)w]}{A_4}$，$\hat{c}_o = \alpha - c_2 - \dfrac{(4\gamma - b^2)(\alpha - c - c_1)}{2\beta\gamma} +$

$$\frac{\left[(4\gamma - v^2)(4\gamma - b^2) - 4\beta^2\gamma^2\right]\sqrt{\dfrac{b(v-b)B_1^2 + 2\gamma(w-c)B_1}{2\gamma^2}(4\gamma - v^2) + (\alpha - c - c_1 - \beta B_1)^2}}{2\beta\gamma(4\gamma - v^2)}。$$

综上所述，可得：

(1)当 $w > \widetilde{w}$ 且 $c_o \leqslant \hat{c}_o$ 或 $w \leqslant \widetilde{w}$ 时，制造商1应向制造商2供应动力电池；

(2)当 $w > \widetilde{w}$ 且 $c_o > \hat{c}_o$ 时，制造商1不应向制造商2供应动力电池。

证毕。

命题5.1表明，新能源汽车制造商1是否应该向新能源汽车制造商2供应动力电池，取决于其动力电池价格和制造商2从动力电池供应商购买动力电池的成本。具体地，如引理5.4所述，当制造商1的动力电池价格较低时（ $w \leqslant \widetilde{w}$ ），为保证能够得到动力电池，制造商2必须订购足够大的数量，给制造商1带来更大的利润，使得制造商1愿意供应动力电池给自己；否则，制造商1通过战略性地考虑制造商2从动力电池供应商采购动力电池的成本来决定是否向其供应动力电池。当采购成本很高时，制造商2不得不以昂贵的价格从动力电池供应商采购动力电池，且订货量很少，相应地，其新能源汽车产量很少，为制造商1在新能源汽车市场创造了有利的条件，此种情形下，制造商1决定不向制造商2供应动力电池；反之，当采购成本很低时，为避免制造商2以低成本从动力电池供应商购买动力电池，制造商1决定向其供应动力电池从而最大化自己的利润。

关于比亚迪为何开始向与其竞争的其他新能源汽车制造商供应动力电池，命题5.1给出了一些回答。在新能源汽车行业中，随着宁德时代加入动力电池市场，新能源汽车制造商可以以较低的价格购买动力电池。宁德时代的统计数据显示，2015—2017年，动力电池价格分别为每瓦时0.32美元、0.29美元和0.20美元。正如命题5.1所示，面对动力电池供应商的动力电池价格持续下跌的局面，对于比亚迪来说，向与其竞争的其他新能源汽车制造商供应动力电池是最优策略。

本小节还研究了新能源汽车制造商2选择合作的条件。当制造商2在竞合情形下的利润高于竞争情形下的利润时，才会愿意与制造商1合作，向其采购动力电池。为了便于阐述，定义 $\ddot{c}_o = \alpha - c_2 - \dfrac{2\beta\gamma(\alpha - c - c_1)}{4\gamma - v^2} -$

$\dfrac{(A_4 + 4\beta^2\gamma^2)[A_6 - w(4\gamma - v^2)]}{(4\gamma - v^2)\sqrt{A_4(4\gamma - b^2)(4\gamma - v^2)}}$，$\tilde{c}_o = \alpha - c_2 - \dfrac{2\beta\gamma(\alpha - c - c_1)}{4\gamma - v^2} -$

$\dfrac{(A_4 + 4\beta^2\gamma^2)\sqrt{B_2\{[2A_5(\alpha - c_2 - w) - (4\gamma - b^2)]B_2(4\gamma - v^2) + 8\beta^2\gamma^2 B_2 - 4\beta\gamma A_5(\alpha - c - c_1)\}}}{A_5(4\gamma - v^2)\sqrt{(4\gamma - b^2)(4\gamma - v^2)}}$，

$B_2 = w(v^2 - 4\gamma) + A_3$。

命题 5.2：新能源汽车制造商 2 选择合作的条件如下：

（1）当 $w \leqslant \tilde{w}$ 且 $c_o \geqslant \tilde{c}_o$ 或 $w > \tilde{w}$ 且 $c_o \geqslant \ddot{c}_o$ 时，制造商 2 选择合作，即从制造商 1 购买动力电池；

（2）当 $w \leqslant \tilde{w}$ 且 $c_o < \tilde{c}_o$ 或 $w > \tilde{w}$ 且 $c_o < \ddot{c}_o$ 时，制造商 2 选择不合作，即不从制造商 1 购买动力电池。

证明：将引理 5.2 中的均衡解代入式(5.2)中，可得竞争模型中制造商 2 的

利润为 $\Pi_2^{NC*} = \dfrac{(4\gamma - b^2)\gamma[(4\gamma - v^2)(\alpha - c_2 - c_o) - 2\beta\gamma(\alpha - c - c_1)]^2}{[(4\gamma - b^2)(4\gamma - v^2) - 4\beta^2\gamma^2]^2}$。

将引理5.5中的均衡解代入式(5.5)中，可得竞合模型中制造商 2 的利润：当 $w \leqslant \tilde{w}$

时，$\Pi_2^{C*} = \dfrac{\gamma B_2\{b^2 B_2(4\gamma - v^2) + 2[(4\gamma - v^2)(\alpha - c_2 - w)A_5 + 2\gamma(B_2(v^2 - 2(2 - \beta^2)\gamma) - \beta A_5(\alpha - c - c_1))]\}}{(A_5)^2(4\gamma - v^2)}$（其

中，$B_2 = w(v^2 - 4\gamma) + A_3$）；当 $w > \tilde{w}$ 时，$\Pi_2^{C*} = \dfrac{\gamma[(4\gamma - v^2)(\alpha - c_2 - w) - 2\beta\gamma(\alpha - c - c_1)]^2}{(4\gamma - v^2)\{4\gamma[2(2 - \beta^2)\gamma - v^2] - (4\gamma - v^2)b^2\}}$。

接下来，比较 Π_2^{C*} 和 Π_2^{NC*}。

定义 $\ddot{c}_o = \alpha - c_2 - \dfrac{2\beta\gamma(\alpha - c - c_1)}{4\gamma - v^2} - \dfrac{(A_4 + 4\beta^2\gamma^2)[A_6 - w(4\gamma - v^2)]}{(4\gamma - v^2)\sqrt{A_4(4\gamma - b^2)(4\gamma - v^2)}}$，$\tilde{c}_o = \alpha - c_2 - \dfrac{2\beta\gamma(\alpha - c - c_1)}{4\gamma - v^2}$

$- \dfrac{(A_4 + 4\beta^2\gamma^2)\sqrt{B_2\{[2A_5(\alpha - c_2 - w) - (4\gamma - b^2)]B_2(4\gamma - v^2) + 8\beta^2\gamma^2 B_2 - 4\beta\gamma A_5(\alpha - c - c_1)\}}}{A_5(4\gamma - v^2)\sqrt{(4\gamma - b^2)(4\gamma - v^2)}}$。当

$w \leqslant \tilde{w}$ 时，$\Pi_2^{C*} - \Pi_2^{NC*} \geqslant 0 \Leftrightarrow c_o \geqslant \tilde{c}_o$；当 $w > \tilde{w}$ 时，$\Pi_2^{C*} - \Pi_2^{NC*} \geqslant 0 \Leftrightarrow c_o \geqslant \ddot{c}_o$。因

此，当 $w \leqslant \tilde{w}$ 且 $c_o \geqslant \tilde{c}_o$ 或 $w > \tilde{w}$ 且 $c_o \geqslant \ddot{c}_o$ 时，制造商 2 从制造商 1 购买动力电池；

当 $w \leqslant \tilde{w}$ 且 $c_o < \tilde{c}_o$ 或 $w > \tilde{w}$ 且 $c_o < \ddot{c}_o$ 时，制造商 2 不从制造商 1 购买动力电池。证毕。

命题 5.2 显示了新能源汽车制造商 2 选择是否从制造商 1 购买动力电池同样取决于制造商 1 的动力电池价格 w 和动力电池供应商的动力电池价格 c_o。在给定 w 的情况下，存在某一阈值，当 c_o 高于该阈值时，制造商 2 选择从制造商 1 而非动力电池供应商处购买动力电池。

本小节继续探究在何种条件下，两个新能源汽车制造商均会从合作中获利，即两个制造商在竞合情形下的利润均高于竞争情形下的利润。基于命题 5.1 和命题 5.2，得到如下定理。

定理 5.1： 当 $w \leqslant \tilde{w}$ 且 $c_o \in [\tilde{c}_o, \bar{c}_o]$ 或 $w > \tilde{w}$ 且 $c_o \in [\ddot{c}_o, \hat{c}_o]$ 时，两个新能源汽车制造商选择合作。

定理 5.1 表明，当动力电池供应商的动力电池价格 c_o 在某一区间时，两个新能源汽车制造商选择合作，即制造商 1 愿意向制造商 2 供应动力电池，且制造商 2 也愿意向其购买动力电池。

5.4 算例分析

本节研究三个主要问题：①在竞合模型中，分析关键参数对新能源汽车制造商最优决策及利润的影响；②分析关键参数对新能源汽车制造商选择竞争或竞合关系的影响；③分析关键参数对社会福利的影响。

根据前面的假设，同时考虑实际成本，设置以下基本参数：$\alpha = 10$，$F = 2.0$，$c = 2.0$，$c_1 = 4.0$，$c_2 = 4.0$，$\beta = 0.5$，$\gamma = 10$，$b = 1.0$，$v = 1.5$。在参数取值上，参考 Shao 等（2017）设置的市场需求与新能源汽车生产成本之间的数值关系并进行适当变换，设定市场潜在规模 $\alpha = 10$，新能源汽车单位生产成本（除动力电池成本外）$c_1 = c_2 = 4.0$；由于动力电池生产成本占新能源汽车整车成本的 30%~40%，因而设定动力电池的变动生产成本 $c = 2.0$，单位废旧动力电池的价值 $v = 1.5$，转移支付价格 $b = 1.0$；参考刻画古诺竞争的相关文献（Qing 等，2017），竞争强度 $\beta \in (0, 1)$，因而设定 $\beta = 0.5$；参考闭环供应链相关文献

（Savaskan 等，2004；Savaskan 和 Van Wassenhove，2006；Chuang 等，2014），设定回收投资成本系数 $\gamma = 10$；为保证新能源汽车制造商的利润为正，设定 $F = 2.0$。除非另有说明，否则数值实验中的参数均遵循这些基本设置。若更改一个或几个参数值，在相应部分会给出清楚的说明。用上标 NC 表示竞争模型，C 表示竞合模型。

5.4.1　关键参数对制造商最优决策及利润的影响

首先分析制造商 1 的动力电池价格对产能分配决策和利润的影响，如图 5.3 所示。为保证两个制造商的利润为正，将 w 限定在某一范围内。由图 5.3 可知，随着动力电池价格升高，制造商 2 的订货量和新能源汽车产量减少，而制造商 1 的新能源汽车产量增加；由于动力电池价格的升高会增加制造商 1 的边际利润，也会减少制造商 2 的订货量，因此，随着动力电池价格升高，制造商 1 的利润先增加后减少，而制造商 2 的利润减少。

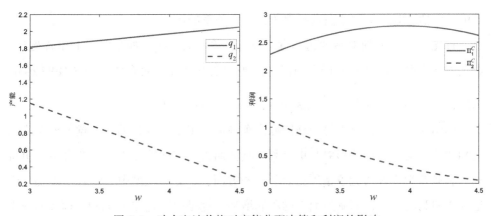

图 5.3　动力电池价格对产能分配决策和利润的影响

其次，分析转移支付价格 b 对制造商的回收率和利润的影响，结果如图 5.4 所示，从中可知：制造商 2 的回收率随着 b 的增加而增加，制造商 1 的回收率几乎保持不变。随着 b 的增加，制造商 2 的利润缓慢增加，而制造商 1 的利润保持不变。这一鲁棒性在一定程度上也解释了为什么将 b 设置为外生参数而不是决策变量。

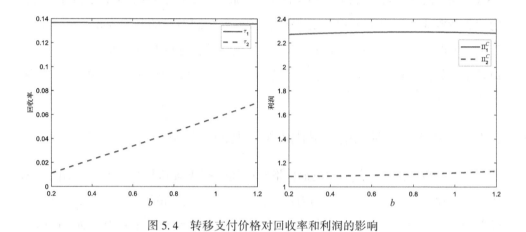

图 5.4　转移支付价格对回收率和利润的影响

5.4.2　关键参数对制造商选择竞争或竞合关系的影响

本小节分析制造商 2 从动力电池供应商购买电池的单位成本 c_o 和单位废旧动力电池残值 v 对两个制造商选择竞争或竞合关系的影响。

首先，分析 c_o 对制造商选择竞争或竞合关系的影响。如命题 5.1 和命题 5.2 所述，动力电池价格 w 对两个新能源汽车制造商选择是否合作有着重要的影响。因此，给 w 设定两个值，分别表示 $w \leqslant \widetilde{w}$ 和 $w > \widetilde{w}$ 的情形。

如图 5.5 所示，对于每个新能源汽车制造商来说，竞合模型和竞争模型之间的利润差决定了哪种情形对其更有利。具体而言，利润差为正表明竞合情形更有利，利润差为负表明竞争情形更有利。一方面，在竞争模型中，随着 c_o 增加，制造商 2 的利润减少，而制造商 1 的利润增加。这是由于 c_o 会影响制造商 2 的新能源汽车生产成本并决定其市场竞争力。如果制造商 2 以高成本购买动力电池，其新能源汽车价格也相应增加，从而失去了一些消费者，此时，制造商 1 可以吸引更多的消费者从而获得更高的利润。另一方面，在竞合模型中，两个制造商的利润随着 c_o 的增加保持不变。因此，随着 c_o 的增加，制造商 1 的利润差减小，制造商 2 的利润差增加。综上所述，可知，当 c_o 低于某个阈值 $\bar{c}_o$ 时，竞合情形对制造商 1 更有利；当 c_o 高于某个阈值 $\tilde{c}_o$ 时，竞合情形对制造商 2 更有利；当

$c_o \in [\tilde{\tilde{c}}_o, \bar{c}_o]$ 时，竞合情形对两个制造商均有利。右图分析类似，当 $c_o \in [\ddot{c}_o, \hat{c}_o]$ 时，竞合情形对两个制造商均有利。总之，图5.5中的结果验证了定理5.1。

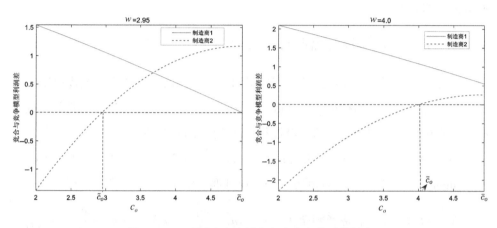

图5.5 c_o 对制造商选择竞争或竞合关系的影响

其次，分析单位废旧动力电池的残值 v 对两个新能源汽车制造商选择竞争或竞合关系的影响。同样地，与定理5.1中的两种情形相对应，给 w 设定两个值，分别表示 $w \leqslant \tilde{w}$ 和 $w > \tilde{w}$ 的情形，如图5.6所示，从中可以发现：两个新能源汽车制造商在竞合模型和竞争模型之间的利润差始终为正，并且随着 v 的增加而减

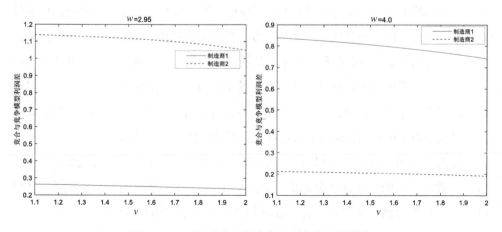

图5.6 v 对制造商选择竞争或竞合关系的影响

小，可见，v 的增加降低了两个新能源汽车制造商的合作意愿。左图中，随着 v 的增加，新能源汽车制造商 2 的利润差比新能源汽车制造商 1 的利润差减少得更多，表明 v 对新能源汽车制造商 2 的影响更大；右图结果则相反，v 对新能源汽车制造商 1 的影响更大。

5.4.3 关键参数对社会福利的影响

上述研究从利润最大化的角度探讨了两个新能源汽车制造商的最优决策。本小节分析竞争和竞合两种情形下制造商 2 从动力电池供应商购买电池的单位成本 c_o 和回收单位废旧动力电池的环境效益 e 对社会福利的影响。

参考 Atasu 等（2009）、Jacobs 和 Subramanian（2012）、Atasu 等（2013）、Esenduran 等（2017），社会福利定义为企业利润、消费者剩余和环境效益的总和。

参考 Yu 等（2018），消费者剩余为 $CS = \alpha q_1 - \dfrac{q_1^2}{2} - \beta q_1 q_2 + \alpha q_2 - \dfrac{q_2^2}{2} - (p_1 q_1 + p_2 q_2)$。与 Esenduran 等（2017）一致，将环境效益定义为废旧动力电池回收量的函数。用 e 表示回收单位废旧动力电池带来的环境效益，则总环境效益为 $E = e(\tau_1 q_1 + \tau_2 q_2)$。根据上述定义，竞争和竞合情形下的社会福利分别为 $SW^{NC} = \Pi_1^{NC} + \Pi_2^{NC} + \Pi_s + CS^{NC} + E^{NC}$，$SW^C = \Pi_1^C + \Pi_2^C + CS^C + E^C$。

首先，分析 c_o 对社会福利的影响。给 e 设定两个值，分别表示低和高的环境效益，结果如图 5.7 所示，从中可以发现：在竞争模型中，随着 c_o 的增大，制造商 2 的订货量和废旧动力电池回收量减少，相应地，回收废旧动力电池产生的总环境效益减小，因此，社会福利减小。此外，当 c_o 低于某个阈值时，竞争情形下的社会福利大于竞合情形下的社会福利。因此，从社会福利最大化的角度，当 c_o 低于某个阈值时，竞争情形更有利；反之，当 c_o 高于某个阈值时，竞合情形更有利。这与最大化利润时的结果相反。例如，当 $c_o = 3.5$，$e = 0.1$ 时，从最大化利润的角度，竞合情形对制造商 1 更有利；而从最大化社会福利的角度，竞争情形更有利。

其次，分析 e 对社会福利的影响。e 的取值范围与 Esenduran 等（2017）一致。为保证数值实验的鲁棒性，分别取 $c_o = 3.5$ 和 $c_o = 4.5$。结果如图 5.8 所示，从中可知：在竞争和竞合情形下，社会福利均随着 e 的增加而线性增大。

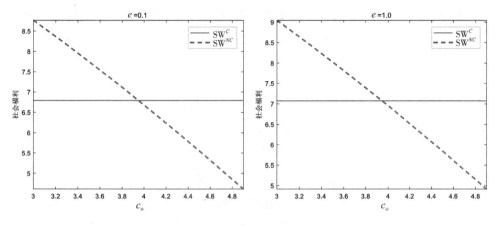

图 5.7 c_o 对社会福利的影响

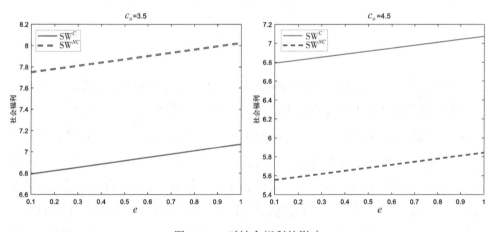

图 5.8 e 对社会福利的影响

5.5 拓展分析

5.5.1 双渠道采购情形下的最优决策分析

上述研究中,假设新能源汽车制造商 2 采购动力电池的渠道是单一的,要么从动力电池供应商采购(竞争模型),要么从新能源汽车制造商 1 处采购(竞合模型)。本小节对前面的模型进行了拓展，假设制造商 2 同时从制造商 1 和动力电池供应商两个渠道采购动力电池，研究双渠道采购情形下制造商 2 的最优订货与回收决策和制造商 1 的最优动力电池产能分配与回收决策。渠道结构如图 5.9 所示。

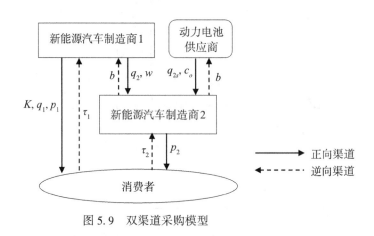

图 5.9　双渠道采购模型

该模型是一个三阶段的 Stackelberg 博弈模型。在第一阶段，制造商 2 作出订货决策，其从制造商 1 的订货量为 q_{2m}，从动力电池供应商的订货量为 q_{2s}。在第二阶段，制造商 1 决策动力电池总产能 K 和分配给制造商 2 的动力电池产能 q_2。由于制造商 1 分配的产能不可能超过制造商 2 的订货量，因此，有 $q_2 \leqslant q_{2m}$，则制造商 2 从制造商 1 得到的动力电池数量为 q_2，制造商 1 留给自己的动力电池数量 $q_1 = K - q_2$。制造商 2 从动力电池供应商得到的动力电池数量等于其订货量 q_{2s}。因此，制造商 2 的新能源汽车总产量为 $q_2 + q_{2s}$。在第三阶段，两个制造商分别决策各自的废旧动力电池回收率 τ_1 和 τ_2。

新能源汽车制造商 1 的利润包括正向渠道中销售新能源汽车和动力电池获得的利润以及逆向渠道中回收废旧动力电池获得的利润。其新能源汽车售价 $p_1 = \alpha - (K - q_2) - \beta(q_2 + q_{2s})$。新能源汽车制造商 1 的利润函数见式(5.12)：

$$\Pi_1 = \max_{K,\, q_2,\, \tau_1} \left\{ \begin{array}{c} \left[\alpha - (K - q_2) - \beta(q_2 + q_{2s}) - c_1 \right](K - q_2) + wq_2 - (F + cK) \\ - \gamma\tau_1^2 - b\tau_2 q_2 + v\left[\tau_1(K - q_2) + \tau_2 q_2 \right] \end{array} \right\}$$

$$(5.12)$$

s. t. $0 \le q_2 \le q_{2m}$ $\qquad\qquad\qquad\qquad\qquad\qquad\qquad$ (5.13)

新能源汽车制造商 2 通过决策动力电池订货量和回收率，从而最大化自己的利润。其利润函数见式(5.14)：

$$\Pi_2 = \max_{q_{2m}, q_{2s}, \tau_2} \left\{ \begin{array}{c} [\alpha - (q_2 + q_{2s}) - \beta(K - q_2) - c_2](q_2 + q_{2s}) - w q_2 - c_o q_{2s} \\ - \gamma \tau_2^2 + b \tau_2 (q_2 + q_{2s}) \end{array} \right\}$$

(5.14)

两个新能源汽车制造商的利润最大化问题可采用逆向归纳法求解。首先分析第三阶段。给定 q_{2m}，q_{2s}，K 和 q_2，两个新能源汽车制造商分别决策各自的废旧动力电池回收率 τ_1 和 τ_2。通过求解式(5.12)~式(5.14)的最大化问题，得到最优的回收率 τ_1^* 和 τ_2^*。

引理 5.6：在第三阶段，给定 q_{2m}，q_{2s}，K 和 q_2，新能源汽车制造商 1 的最优废旧动力电池回收率 $\tau_1^* = \dfrac{v(K - q_2)}{2\gamma}$，新能源汽车制造商 2 的最优废旧动力电池回收率 $\tau_2^* = \dfrac{b(q_2 + q_{2s})}{2\gamma}$。

证明：在第三阶段，制造商 1 决策 τ_1 以最大化其利润。由式(5.12)可知，$\dfrac{\partial^2 \Pi_1}{\partial \tau_1^2} = -2\gamma < 0$，因此，$\Pi_1$ 是关于 τ_1 的凹函数。由一阶条件，可得 $\tau_1^* = \dfrac{v(K - q_2)}{2\gamma}$。类似地，制造商 2 决策 τ_2 以最大化其利润。由式(5.14)可知，$\dfrac{\partial^2 \Pi_2}{\partial \tau_2^2} = -2\gamma < 0$，因此，$\Pi_2$ 是关于 τ_2 的凹函数。由一阶条件，可得 $\tau_2^* = \dfrac{b(q_2 + q_{2s})}{2\gamma}$。证毕。

引理 5.6 表明，对于每个新能源汽车制造商来说，最优回收率随着其分配到的动力电池产能增加而增加。此结果与引理 5.3 一致。

在第二阶段，给定订货量 q_{2m} 和 q_{2s}，制造商 1 决策其最优的动力电池总产能 K^* 以及分配给制造商 2 的动力电池产能 q_2^*。为了便于阐述，定义 $H_1 = \dfrac{(4\gamma - v^2)b(v - b) + 4\beta^2\gamma^2}{(4\gamma - v^2)b(v - b) + 2\beta^2\gamma^2}$，$H_2 = \dfrac{2\gamma[2\beta\gamma(\alpha - c - c_1) - (4\gamma - v^2)(w - c)]}{(4\gamma - v^2)b(v - b) + 2\beta^2\gamma^2}$。

结果如引理5.7所述。

引理5.7： 在第二阶段，给定 q_{2m} 和 q_{2s}，新能源汽车制造商1的最佳反应决策如下：

(1) 若 $q_{2m} + H_1 q_{2s} \leqslant H_2$，则 $K^* = \dfrac{2\gamma(\alpha - c - c_1 - \beta q_{2s})}{4\gamma - v^2}$，$q_2^* = 0$；

(2) 若 $q_{2m} + H_1 q_{2s} > H_2$，则 $K^* = \dfrac{[2(2-\beta)\gamma - v^2]q_{2m} + 2\gamma(\alpha - c - c_1 - \beta q_{2s})}{4\gamma - v^2}$，$q_2^* = q_{2m}$。

证明： 在第二阶段，制造商1决策 K 和 q_2 以最大化其利润。将 $\tau_1^* = \dfrac{v(K - q_2)}{2\gamma}$ 和 $\tau_2^* = \dfrac{b(q_2 + q_{2s})}{2\gamma}$ 代入式(5.12)中，可得：

$$\Pi_1 = \max_{K, q_2} \left\{ \begin{array}{l} [\alpha - (K - q_2) - \beta(q_2 + q_{2s}) - c_1](K - q_2) + wq_2 \\ -(F + cK) + \dfrac{v^2(K - q_2)^2}{4\gamma} + \dfrac{bq_2(q_2 + q_{2s})(v - b)}{2\gamma} \end{array} \right\} \tag{5.15}$$

$$\text{s. t.} \quad 0 \leqslant q_2 \leqslant q_{2m} \tag{5.16}$$

由式(5.15)可知，Π_1 是关于 K 的凹函数，由一阶条件，可得 $K^* = \dfrac{2\gamma(\alpha - c - c_1) + (4\gamma - v^2)q_2 - 2\beta\gamma(q_2 + q_{2s})}{4\gamma - v^2}$。将 K^* 代入式(5.15)中，可得：

$$\Pi_1 = \max_{q_2} \left\{ \begin{array}{l} \left[\alpha - \dfrac{2\gamma(\alpha - c - c_1) - 2\beta\gamma(q_2 + q_{2s})}{4\gamma - v^2} - \beta(q_2 + q_{2s}) - c_1 \right] \dfrac{2\gamma(\alpha - c - c_1) - 2\beta\gamma(q_2 + q_{2s})}{4\gamma - v^2} \\ + wq_2 - F - c \dfrac{2\gamma(\alpha - c - c_1) + (4\gamma - v^2)q_2 - 2\beta\gamma(q_2 + q_{2s})}{4\gamma - v^2} \\ + \dfrac{v^2[2\gamma(\alpha - c - c_1) - 2\beta\gamma(q_2 + q_{2s})]^2}{4\gamma(4\gamma - v^2)^2} + \dfrac{bq_2(q_2 + q_{2s})(v - b)}{2\gamma} \end{array} \right\} \tag{5.17}$$

由式(5.17)可知，Π_1 是关于 q_2 的凸函数。考虑到式(5.16)中的约束条件，可知，q_2^* 等于0或 q_{2m}。当 $q_2 = 0$ 时，$\Pi_1(0) = \dfrac{(c - \alpha)^2\gamma + \gamma(c_1 + \beta q_{2s})(2c - 2\alpha + c_1 + \beta q_{2s})}{4\gamma - v^2} - F$；当 $q_2 = q_{2m}$ 时，

$$\Pi_1(q_{2m}) = \left[\alpha - \dfrac{2\gamma(\alpha - c - c_1) - 2\beta\gamma(q_{2m} + q_{2s})}{4\gamma - v^2} - \beta(q_{2m} + q_{2s}) - c_1 \right]$$

$$\frac{2\gamma(\alpha-c-c_1)-2\beta\gamma(q_{2m}+q_{2s})}{4\gamma-v^2}+wq_{2m}-F-c\frac{2\gamma(\alpha-c-c_1)+(4\gamma-v^2)q_{2m}-2\beta\gamma(q_{2m}+q_{2s})}{4\gamma-v^2}$$

$$+\frac{v^2[2\gamma(\alpha-c-c_1)-2\beta\gamma(q_{2m}+q_{2s})]^2}{4\gamma(4\gamma-v^2)^2}+\frac{bq_{2m}(q_{2m}+q_{2s})(v-b)}{2\gamma}。\ 定义 f(q_{2m})=$$

$\Pi_1(q_{2m})-\Pi_1(0)$。

接下来，比较 $\Pi_1(q_{2m})$ 和 $\Pi_1(0)$。令 $f(q_{2m})=0$，可得其两个根 $r_1=0$ 和 r_2。

（1）当 $0\leqslant q_{2m}\leqslant r_2$ 时，$f(q_{2m})=\Pi_1(q_{2m})-\Pi_1(0)\leqslant 0$，因此，$q_2^*=0$；

（2）当 $q_{2m}>r_2$ 时，$f(q_{2m})=\Pi_1(q_{2m})-\Pi_1(0)>0$，因此，$q_2^*=q_{2m}$。

定义 $H_1=\dfrac{(4\gamma-v^2)b(v-b)+4\beta^2\gamma^2}{(4\gamma-v^2)b(v-b)+2\beta^2\gamma^2}$，$H_2=\dfrac{2\gamma[2\beta\gamma(\alpha-c-c_1)-(4\gamma-v^2)(w-c)]}{(4\gamma-v^2)b(v-b)+2\beta^2\gamma^2}$，

则 $r_2=H_2-H_1q_{2s}$，可得：如果 $q_{2m}+H_1q_{2s}\leqslant H_2$，则 $K^*=\dfrac{2\gamma(\alpha-c-c_1-\beta q_{2s})}{4\gamma-v^2}$，

$q_2^*=0$；而若 $q_{2m}+H_1q_{2s}>H_2$，则 $K^*=\dfrac{[2(2-\beta)\gamma-v^2]q_{2m}+2\gamma(\alpha-c-c_1-\beta q_{2s})}{4\gamma-v^2}$，

$q_2^*=q_{2m}$。

证毕。

引理 5.7 显示了新能源汽车制造商 2 的订货决策对新能源汽车制造商 1 的动力电池产能分配策略的影响。当制造商 2 的订货量较小时，制造商 1 不给其分配动力电池产能；反之，当订货量较大时，制造商 1 满足其全部订单。此结果与引理 5.4 一致。

在第一阶段，新能源汽车制造商 2 决策其最优的动力电池订货量 q_{2m}^* 和 q_{2s}^*。基于引理 5.6 和引理 5.7，可得：

$$（1）\Pi_2^1=\max_{q_{2m},\,q_{2s}}\left\{\left[\alpha-q_{2s}-\frac{2\beta\gamma(\alpha-c-c_1-\beta q_{2s})}{4\gamma-v^2}-c_2\right]q_{2s}-c_oq_{2s}+\frac{b^2(q_{2s})^2}{4\gamma}\right\}$$

$$\text{(5.18)}$$

$$\text{s. t.}\quad q_{2m}+H_1q_{2s}\leqslant H_2 \tag{5.19}$$

$$(2)\,\Pi_2^2 = \max_{q_{2m},\,q_{2s}} \left\{ \begin{array}{c} \left[\alpha - (q_{2m} + q_{2s}) - \dfrac{2\beta\gamma(\alpha - c - c_1 - \beta q_{2m} - \beta q_{2s})}{4\gamma - v^2} - c_2 \right](q_{2m} + q_{2s}) \\[4mm] - w q_{2m} - c_o q_{2s} + \dfrac{b^2(q_{2m} + q_{2s})^2}{4\gamma} \end{array} \right\}$$

$$(5.20)$$

$$\text{s. t.} \quad q_{2m} + H_1 q_{2s} > H_2 \tag{5.21}$$

由于 Π_2^{1*} 和 Π_2^{2*} 的表达式过于复杂,无法获得 q_{2m}^* 和 q_{2s}^* 的解析解。因此,本小节通过数值实验进一步研究新能源汽车制造商 2 的最优订货策略。

如图 5.10 所示,从中可知:在区域 II 中,制造商 2 仅从制造商 1 采购动力电池;在区域 III 中,其仅从动力电池供应商采购动力电池;在区域 I 中,其同时从制造商 1 和动力电池供应商两个渠道采购动力电池。可以发现,在区域 I 中,即使 $c_o > w$,制造商 2 仍从动力电池供应商采购。其原因如下:若制造商 2 仅从制造商 1 采购动力电池,其新能源汽车产量受到制造商 1 动力电池产能分配策略的限制。如引理 5.4 所述,此时,其订货量不得不高于某个阈值。相反,如果从动力电池供应商采购动力电池,其新能源汽车产量由自己决定,因此,有更大的自由作出订货决策。从制造商 2 的角度而言,其在做订货决策时,应该在更低的采购成本和更大的决策自由之间进行权衡。由于两个制造商之间的竞争关系,制

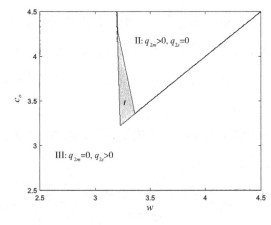

图 5.10　新能源汽车制造商 2 的最优订货策略(区域 I 中,$q_{2m} > 0$,$q_{2s} > 0$)

造商 2 更加保守地选择制造商 1 作为其动力电池供应商。此外，在区域 Ⅲ 的左上角，即使 c_o 比 w 大得多，制造商 2 也仅从动力电池供应商而非制造商 1 采购动力电池。这是因为当 w 很低时，制造商 2 从制造商 1 的订货量必须很大（见引理 5.4 和引理 5.5），此时，从动力供应商采购更有利。

5.5.2　制造商的最优动力电池定价决策

在前面的竞合模型中，只研究了两个新能源汽车制造商关于数量的决策，而未考虑定价决策，假设新能源汽车制造商 1 的动力电池价格是给定的。本小节放松此假设，研究动力电池价格是内生的情况。在此情形下，新能源汽车制造商 1 在初始阶段决策动力电池价格，之后，两个新能源汽车制造商再分别做出生产和回收决策，分析过程与 5.3.2 节类似。

将引理 5.5 给出的最优解代入新能源汽车制造商 1 的利润函数式（5.3）中，可以得到新能源汽车制造商 1 的最优动力电池价格 w^*。为了便于阐述，定义 $A_7 = (4\gamma - v^2)b^2(\alpha - c)[4(1-\beta)\gamma - v^2]$，$A_8 = v^2[(8\gamma - v^2)(\alpha + c) - \beta^2\gamma(3\alpha + 2c)] + 2\gamma^2[c(4\beta^2 + \beta^3 - 8) - \alpha(8 - 6\beta^2 + \beta^3)]$，$A_9 = (4\gamma - v^2)b(2v - b) - 4\gamma[(4 - 3\beta^2)\gamma - v^2]$，$A_{10} = 2\beta\gamma(\alpha - c) - (4\gamma - v^2)\alpha$。得到推论 5.1。

推论 5.1：定义 $\widetilde{\beta} = \dfrac{(4\gamma - v^2)(\alpha - c - c_2)}{4\gamma(\alpha - c - c_1)}$，新能源汽车制造商 1 的最优动力电池价格如下：

（1）若 $\beta < \widetilde{\beta}$，则 $w^* = \dfrac{A_7 + 2bv(4\gamma - v^2)A_{10} - 4\gamma A_8 - 4\beta\gamma c_1 A_5 + (4\gamma - v^2)c_2 A_9}{2(4\gamma - v^2)(A_4 - A_5)}$；

（2）若 $\beta \geq \widetilde{\beta}$，则 $w^* = \dfrac{A_3}{4\gamma - v^2}$。

证明：基于引理 5.5，将 K^* 和 q_2^* 代入式（5.6）中，可得竞合模型中新能源汽车制造商 1 的利润函数：

（1）当 $w \leq \widetilde{w}$ 时，

$$\Pi_1^1 = \max_w \left\{ \frac{\gamma(\alpha - c - c_1)^2}{4\gamma - v^2} - F \right\} \tag{5.22}$$

135

（2）当 $w > \widetilde{w}$ 时，

$$\Pi_1^2 = \max_w \left\{ (w - c)B_3 + \frac{b(v - b)(B_3)^2}{2\gamma} + \frac{\gamma(\alpha - c - c_1 - \beta B_3)^2}{4\gamma - v^2} - F \right\}$$

（5.23）

其中，$B_3 = \dfrac{2\gamma[A_6 - (4\gamma - v^2)w]}{A_4}$。

在情形（1）中，由式（5.22）可知，Π_1^1 与 w 无关。因此，$\Pi_1^{1*} = \dfrac{\gamma(\alpha - c - c_1)^2}{4\gamma - v^2} - F$。

在情形（2）中，由式（5.23）可知，Π_1^1 是关于 w 的凹函数，由一阶条件可得 w^*。

为了便于阐述，定义以下符号：$A_7 = (4\gamma - v^2)b^2(\alpha - c)[4(1 - \beta)\gamma - v^2]$，$A_8 = v^2[(8\gamma - v^2)(\alpha + c) - \beta^2\gamma(3\alpha + 2c)] + 2\gamma^2[c(4\beta^2 + \beta^3 - 8) - \alpha(8 - 6\beta^2 + \beta^3)]$，$A_9 = (4\gamma - v^2)b(2v - b) - 4\gamma[(4 - 3\beta^2)\gamma - v^2]$，$A_{10} = 2\beta\gamma(\alpha - c) - (4\gamma - v^2)\alpha$。由一阶条件，可得 $w^* = \dfrac{A_7 + 2bv(4\gamma - v^2)A_{10} - 4\gamma A_8 - 4\beta\gamma c_1 A_5 + (4\gamma - v^2)c_2 A_9}{2(4\gamma - v^2)(A_4 - A_5)}$。考虑到约束 $w > \widetilde{w}$，可得：

（a）当 $\beta \geqslant \dfrac{(4\gamma - v^2)(\alpha - c - c_2)}{4\gamma(\alpha - c - c_1)}$ 时，

$\widetilde{w} = \dfrac{A_3}{4\gamma - v^2}$ 且 $\dfrac{A_7 + 2bv(4\gamma - v^2)A_{10} - 4\gamma A_8 - 4\beta\gamma c_1 A_5 + (4\gamma - v^2)c_2 A_9}{2(4\gamma - v^2)(A_4 - A_5)} \leqslant \widetilde{w}$。因此，$w^* = \dfrac{A_3}{4\gamma - v^2}$。将 $w^* = \dfrac{A_3}{4\gamma - v^2}$ 代入式（5.23）中，可得 $\Pi_1^{2*} - \Pi_1^{1*} = \dfrac{2\gamma A_5(A_6 - A_3)^2}{(4\gamma - v^2)(A_4)^2} \geqslant 0$。

（b）当 $\beta < \dfrac{(4\gamma - v^2)(\alpha - c - c_2)}{4\gamma(\alpha - c - c_1)}$ 时，

可以得出，$\widetilde{w} = \dfrac{A_3 A_4 - A_5 A_6}{(4\gamma - v^2)(A_4 - A_5)}$，并且满足 $\dfrac{A_7 + 2bv(4\gamma - v^2)A_{10} - 4\gamma A_8 - 4\beta\gamma c_1 A_5 + (4\gamma - v^2)c_2 A_9}{2(4\gamma - v^2)(A_4 - A_5)} > \widetilde{w}$。

所以，可以得出新能源汽车制造商 1 的最优动力电池价格 $w^* = $
$\dfrac{A_7 + 2bv(4\gamma - v^2)A_{10} - 4\gamma A_8 - 4\beta\gamma c_1 A_5 + (4\gamma - v^2)c_2 A_9}{2(4\gamma - v^2)(A_4 - A_5)}$。将 w^* 代入式(5.23)中，可

以得出 $\Pi_1^{2*} - \Pi_1^{1*} = \dfrac{\gamma(A_6 - A_3)^2}{2(4\gamma - v^2)(A_4 - A_5)} > 0$。

综上所述，可得：

(1)当 $\beta \geqslant \dfrac{(4\gamma - v^2)(\alpha - c - c_2)}{4\gamma(\alpha - c - c_1)}$ 时，$w^* = \dfrac{A_3}{4\gamma - v^2}$；

(2)当 $\beta < \dfrac{(4\gamma - v^2)(\alpha - c - c_2)}{4\gamma(\alpha - c - c_1)}$ 时，$w^* = \dfrac{A_7 + 2bv(4\gamma - v^2)A_{10} - 4\gamma A_8 - 4\beta\gamma c_1 A_5 + (4\gamma - v^2)c_2 A_9}{2(4\gamma - v^2)(A_4 - A_5)}$。

证毕。

推论 5.1 表明，新能源汽车制造商 1 的最优动力电池价格取决于两个新能源汽车制造商之间的竞争强度 β。分析 β 对最优动力电池价格和新能源汽车产量的影响，如图 5.11 所示，从中可以发现：当 β 低于某一阈值时，随着 β 的增加，最优动力电池价格的变化很小；当 β 高于某一阈值时，随着 β 的增加，最优动力电池价格急剧上升。由引理 5.5 可知，当动力电池价格很高时，新能源汽车制造商 2 不会订货。换言之，新能源汽车制造商 1 实际上是通过调整动力电池价格来决定不向新能源汽车制造商 2 供应动力电池，即当竞争强度很大时，新能源汽车制造商 1 不会选择与其竞争对手新能源汽车制造商 2 合作。

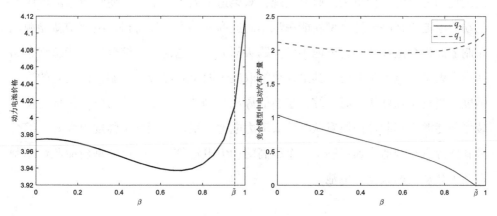

图 5.11　竞争强度对最优动力电池价格和新能源汽车产量的影响

5.6 本章小结

考虑两个相互竞争的新能源汽车制造商，其中，综合型新能源汽车制造商分配部分动力电池产能给其竞争对手组装型新能源汽车制造商。在竞争情形下，组装型新能源汽车制造商从一个专门的动力电池供应商采购动力电池；在竞合情形下，组装型新能源汽车制造商从综合型新能源汽车制造商采购动力电池。本章分别研究了竞争和竞合情形下两个新能源汽车制造商的最优决策，并通过比较两种情形下新能源汽车制造商的利润，进一步探讨了两类新能源汽车制造商选择合作的条件。研究表明：当组装型新能源汽车制造商的订货量较大时，综合型新能源汽车制造商会满足其全部订单；反之，当订货量较小时，综合型新能源汽车制造商不向其供应动力电池。对于每个新能源汽车制造商来说，其选择是否合作取决于动力电池供应商的动力电池价格。当动力电池供应商的动力电池价格在某一范围时，综合型新能源汽车制造商愿意向组装型新能源汽车制造商供应动力电池，且组装型新能源汽车制造商也愿意向其购买动力电池。进一步地，从社会福利最大化的角度探讨了两个新能源汽车制造商选择合作的条件。与最大化利润时的结果相反，当动力电池供应商的动力电池价格较低时，综合型新能源汽车制造商不愿意向组装型新能源汽车制造商供应动力电池。基于此，通过拓展分析探究了双渠道采购情形下两个新能源汽车制造商的最优决策以及综合型新能源汽车制造商的最优动力电池定价决策。研究发现，双渠道采购情形下，即使动力电池供应商的动力电池价格高于综合型新能源汽车制造商的动力电池价格，组装型新能源汽车制造商仍会选择从动力电池供应商购买部分动力电池。当综合型新能源汽车制造商决策动力电池价格时，其最优决策取决于两个新能源汽车制造商之间的竞争强度。当竞争强度较小时，综合型新能源汽车制造商制定其动力电池价格，使组装型新能源汽车制造商愿意从其购买动力电池；反之，当竞争强度很大时，综合型新能源汽车制造商通过制定一个很高的动力电池价格，使组装型新能源汽车制造商不会从其购买动力电池。

6 | 结　语

6.1 研究结论

在系统总结国内外相关代表性文献的基础上，本书结合我国新能源汽车行业发展现状，并考虑动力电池回收再利用这一重要的新能源汽车行业特征，通过建立不同市场结构下的博弈模型，从运营管理角度深入探讨了新能源汽车企业供应链决策问题。具体而言，考虑需求信息不对称情形，探究了存在回收竞争时新能源汽车零售商不同信息分享模式下的新能源汽车供应链优化策略，并设计出激励零售商分享私有需求信息的补偿机制；考虑政府对新能源汽车制造商回收动力电池环节进行补贴这一新现象，对比研究了政府提供车辆购置补贴和动力电池回收补贴两种补贴方式下的新能源汽车供应链优化策略，并分析了不同补贴方式对供应链各成员企业最优决策和利润、政府补贴成本、环境以及社会福利的影响；考虑废旧动力电池回收的逆向物流特点，研究提出了竞合关系下的新能源汽车动力电池产能分配与回收优化策略，并探讨了存在竞争关系的两类新能源汽车制造商选择合作的条件。主要研究结论阐述如下：

(1)在回收竞争情形下的闭环供应链优化策略研究的基础上，本书考虑需求信息不对称情形，研究提出存在回收竞争时新能源汽车零售商不同信息分享模式下的新能源汽车定价和动力电池回收优化策略，并设计出激励零售商分享其私有需求信息的补偿机制。具体而言，本书分别考虑零售商不分享、与制造商分享和与第三方动力电池回收商分享需求信息三种模式，对比研究不同信息分享模式下供应链各成员企业的最优决策。研究发现：①不同信息分享模式下供应链各成员企业的最优决策取决于零售商的私有需求信号。在不分享信息和与第三方动力电池回收商分享信息两种模式下，制造商的批发价格，零售商的销量和回收率相同。当私有需求信号为正时，在与制造商分享信息模式下，制造商的批发价格最高，零售商的销量和回收率最低，而第三方回收商的回收率在零售商与其分享信息模式下最高，在不分享信息模式下最低；反之，当私有需求信号为负时，在与制造商分享信息模式下，制造商的批发价格最低，零售商的销量和回收率最高，而第三方回收商的回收率在零售商与其分享信息模式下最低，在不分享信息模式下最高。②信息分享对零售商不利，而对制造商和第三方动力电池回收商有利，并且直接信息分享优于间接信息分享。③制造商和第三方动力电池回收商通过设计信息分享补偿机制可以激励零售商分享需求信息。④随着需求信号的不准确度增加，信息分享给零售商带来的利润损失减小，对制造商和第三方动力电池回收商的价值降低；市场需求的波动性越大，零售商分享信息的动机越弱，而制造商和第三方动力电池回收商更希望零售商与之分享信息。

(2)在基于政府补贴的新能源汽车供应链优化策略研究的基础上，本书考虑动力电池回收因素，在新能源汽车制造商和燃油汽车制造商竞争的市场中，对比研究了政府提供车辆购置补贴和动力电池回收补贴两种补贴方式下的新能源汽车定价和动力电池回收优化策略，并分析了不同补贴方式对制造商最优决策和利润、政府补贴成本、环境以及社会福利的影响。研究发现：①假若政府提高车辆购置补贴额度，则新能源汽车制造商的售价、废旧动力电池回收率、市场需求和利润均增加，而燃油汽车制造商的售价、市场需求和利润均减小；如果政府提高动力电池回收补贴额度，则新能源汽车制造商的售价降低，废旧动力电池回收率、市场需求和利润均增加，而燃油汽车制造商的售价、市场需求和利润均减小。②新能源汽车制造商的最优定价在车辆购置补贴方式下更高；当车辆购置补贴额度较高时，新能源汽车制造商的最优回收率和市场需求在车辆购置补贴方式下更高，燃油汽车制造商的最优定价和市场需求在动力电池回收补贴方式下更高。③两种补贴方式下政府的补贴成本也存在差异，当两种补贴方式下的新能源汽车市场占有率或废旧动力电池回收率相同时，动力电池回收补贴方式下政府的补贴成本更低。④在相同的补贴额度下，回收补贴方式下的废旧动力电池回收率、燃油汽车市场需求、燃油汽车制造商利润更高；车辆购置补贴方式下的新能源汽车市场需求、新能源汽车制造商利润、政府补贴成本更高；政府补贴成本随着新能源汽车生产成本的降低而增加；在两种补贴方式下，随着单位废旧动力电池造成的环境影响降低，总环境影响降低，社会福利增加。

(3)在供应链产能分配策略研究的基础上，本书考虑新能源汽车废旧动力电池回收的逆向物流活动，提出了竞合关系下的新能源汽车动力电池产能分配与回收优化策略。具体而言，考虑两个相互竞争的新能源汽车制造商，其中，综合型新能源汽车制造商分配部分动力电池产能给其竞争对手组装型新能源汽车制造商。在竞争情形下，组装型新能源汽车制造商从一个专门的动力电池供应商采购动力电池;在竞合情形下,组装型新能源汽车制造商从综合型新能源汽车制造商采购动力电池。分别研究了竞争和竞合情形下两个新能源汽车制造商的最优订货量、产能分配和回收率决策,通过比较两种情形下制造商的利润,进一步探讨了两类新能源汽车制造商选择合作的条件,并通过数值实验分析了关键参数对制造商最优决策和利润以及社会福利的影响。本书还进行了拓展分析,研究了双渠道采购情形下制造商的最优决策以及综合型新能源汽车制造商最优的动力电池价格决策。研究发现:①当组装型新能源汽车制造商的订货量较大时,综合型新能源汽车制造商会满足其全部订单;反之,当订货量较小时,综合型新能源汽车制造商不向其供应动力电池。②对于每个新能源汽车制造商来说,其选择是否合作取决于动力电池供应商的动力电池价格。当动力电池供应商的动力电池价格在某一范围时,综合型新能源汽车制造商愿意向组装型新能源汽车制造商供应动力电池,且组装型新能源汽车制造商也愿意向其购买动力电池。③从最大化社会福利的角度,当动力电池供应商的动力电池价格较低时,综合型新能源汽车制造商不愿意向组装型新能源汽车制造商供应动力电池。④双渠道采购情形下,即使动力电池供应商的动力电池价格高于综合型新能源汽车制造商的动力电池价格,组装型新能源汽车制造商仍会选择从动力电池供应商购买部分动力电池。⑤当综合型新能源汽车制造商决策动力电池价格时,其最优决策取决于两个新能源汽车制造商之间的竞争强度。当竞争强度较小时,综合型新能源汽车制造商制定其动力电池价格,使组装型新能源汽车制造商愿意从其购买动力电池;反之,当竞争强度很大时,综合型新能源汽车制造商通过制定一个很高的动力电池价格,使组装型新能源汽车制造商不会从其购买动力电池。

6.2 管理启示

通过对新能源汽车企业供应链运营决策的研究,结合我国新能源汽车行业发展现状和行业特征,本书对新能源汽车行业相关企业和政府管理部门具有重要的管理启示。由于新能源汽车动力电池闭环供应链中涉及成员众多,包括动力电池供应商、新能源汽车制造商、新能源汽车零售商、第三方动力电池回收商等,且各成员企业的运营决策相互影响;因此,如何在复杂市场环境下作出最优决策,关系到每个企业的自身利益，也决定了新能源汽车产业的可持续发展。根据本书研究结论，针对新能源汽车行业相关企业，提出以下建议：

（1）在需求信息不对称情形下，若无任何补偿机制，新能源汽车零售商不应将私有需求信息分享给新能源汽车制造商或第三方动力电池回收商。对于第三方动力电池回收商而言，获取零售商的私有需求信息能够提高其利润。因此，第三方动力电池回收商应当给予新能源汽车零售商一定的补偿，激励零售商与之分享需求信息，从而使得双方的利润都得到提高。对于新能源汽车制造商而言，尽管获取零售商的私有需求信息对其有利，但只有满足相关条件时制造商的获利才高于零售商的损失。此时，新能源汽车制造商应当给予零售商一定的补偿，激励零售商与之分享需求信息。具体来说，随着回收投资成本系数增加，信息分享带来的价值逐渐降低。当回收投资成本系数较小时，零售商与制造商分享信息使得双方总利润高于不分享信息模式下的总利润，此时双方可以通过补偿机制实现信息共享。然而，当回收投资成本系数较大时，零售商与制造商分享信息使得双方的总利润低于不分享信息模式下的总利润，信息分享对于双方没有价值，双方都没有动机进行信息共享。此外，由于需求信号观测的准确度对于闭环供应链中所有成员的利润具有正向影响，因此，新能源汽车零售商应当使用多种管理和技术手段，尽可能提高需求信号观测的准确度，进而提高闭环供应链中所有成员的利润。

（2）在不同的政府补贴政策下，新能源汽车制造商应当选择差异化的定价和动力电池回收策略。在车辆购置补贴政策下，如果政府提高补贴额度，则新能源汽车制造商应当提高新能源汽车售价和废旧动力电池回收率。而在动力电池回收补贴政策下，若政府提高补贴额度，则新能源汽车制造商应当降低新能源汽车售价并提高废旧动力电池回收率。此外，为有效降低废旧动力电池对环境造成的影响，新能源汽车行业相关企业需要不断研发生产更加环保的动力电池。对于燃油汽车制造商来说，无论在车辆购置补贴还是动力电池回收补贴政策下，若政府提高补贴额度，其最优策略都是降低燃油汽车的售价，从而有效地应对市场竞争。不同补贴政策对新能源汽车制造商和燃油汽车制造商利润的影响取决于补贴额度的大小。当车辆购置补贴额度较小时，动力电池回收补贴对新能源汽车制造商更有利，而车辆购置补贴对燃油汽车制造商更有利；反之，当车辆购置补贴额度较大时，车辆购置补贴对新能源汽车制造商更有利，而动力电池回收补贴对燃油汽车制造商更有利。从政府管理部门的角度看，无论其决策目标是提高新能源汽车市场占有率或废旧动力电池回收率，相比于车辆购置补贴，动力电池回收补贴都是更好的政策选择。

（3）在新能源汽车供应链中，相互竞争的新能源汽车制造商之间可以通过动力电池产能分配建立合作关系，从而使得双方的利润都得到提高。具备动力电池生产能力的综合型新能源汽车制造商（如比亚迪）在决策是否将部分动力电池产能分配给其竞争对手组装型新能源汽车制造商时，应当考虑外部动力电池供应商的价格。当动力电池供应商的价格在某一中间范围时，竞争性的新能源汽车制造商之间应当建立合作关系，即综合型新能源汽车制造商应当向组装型新能源制造商供应动力电池，且组装型新能源汽车制造商也应当向其购买动力电池。当动力电池供应商和综合型新能源汽车制造商的动力电池价格在一定范围时，组装型新能源汽车制造商会选择同时从两个渠道采购动力电池。即使动力电池供应商的动力电池价格高于综合型新能源汽车制造商的动力电池价格，由于竞争关系，组装型新能源汽车制造商仍会选择从动力电池供应商购买部分动力电池。此外，当综合型新能源汽车制造商具有动力电池价格决策权时，其定价决策应当考虑与竞争对手的竞争强度。当竞争强度较大时，综合型新能源汽车制造商应当设定较高的动力电池价格，从而使组装型新能源汽车制造商没有意愿向其购买动力电池；当竞争强度较小时，综合型新能源汽车制造商应当设定较低的动力电池价格，从而使得组装型新能源汽车制造商有意愿向其购买动力电池。

6.3 研究展望

本书对复杂市场环境下新能源汽车企业供应链运营决策问题进行了研究，得到了若干有价值的结论，但仍然存在一些不足。未来进一步的研究方向如下：

（1）本书假设废旧动力电池的回收价值是确定的，但在现实中，根据退役动力电池的剩余容量状况，会有不同的用途（梯次利用或再制造）和差异化价值。在未来的研究中，可以考虑回收的废旧动力电池有不同的价值，研究动力电池回收价值异质条件下的新能源汽车供应链优化策略。

(2)针对考虑零售商信息分享的新能源汽车供应链运营决策研究，本书假设新能源汽车制造商向零售商提供线性价格契约，后续研究可考虑其他的契约类型，如收益共享契约和数量折扣契约。此外，本书只考虑了单个零售商的情形，多个零售商需求竞争情形下的信息分享问题值得进一步研究。后续还可以研究以特斯拉为代表的新能源汽车制造商直销模式，制造商拥有更多的市场需求信息，其与不同的动力电池回收方进行信息共享情形下的新能源汽车供应链优化策略是一个值得研究的问题。最后，还可以研究零售商所拥有的销售成本信息作为私有信息情形下，新能源汽车供应链优化策略及其对供应链绩效的影响。

(3)在基于政府补贴的新能源汽车供应链运营决策研究中，本书假设消费者对新能源汽车具有更高的估值。然而，在现实中部分缺乏环保意识的消费者，由于里程焦虑、充电不便等因素，对新能源汽车的估值更低。考虑这部分消费者群体会使模型更加完整，也可能会取得新的发现。此外，本书从企业的视角出发，在政府补贴额度给定的前提条件下，研究不同补贴方式下新能源汽车制造商和燃油汽车制造商的博弈行为。后续研究可从政府的视角出发，分析在不同的决策目标下政府如何设定最优的补贴额度，并进一步探讨政府的补贴政策选择问题。

(4)在考虑竞合关系的新能源汽车供应链供应链运营决策研究中，本书假设组装型新能源汽车制造商从综合型新能源汽车制造商和动力电池供应商采购的动力电池质量相同，而在实际中，不同的生产商生产出来的动力电池质量是有差异的。下一步可研究从两个渠道采购的动力电池质量存在差异时的产能分配策略。

参考文献

[1] Anand K S, Goyal M. Strategic information management under leakage in a supply chain[J]. Management Science, 2009, 55(3): 438-452.

[2] Arya A, Mittendorf B, Sappington D E M. The bright side of supplier encroachment [J]. Marketing Science, 2007, 26(5): 651-659.

[3] Atasu A, Özdemir Ö, Van Wassenhove L N. Stakeholder perspectives on e-waste take-back legislation[J]. Production and Operations Management, 2013, 22(2): 382-396.

[4] Atasu A, Toktay L B, Van Wassenhove L N. How collection cost structure drives a manufacturer's reverse channel choice[J]. Production and Operations Management, 2013, 22(5): 1089-1102.

[5] Atasu A, Van Wassenhove L N, Sarvary M. Efficient take-back legislation[J]. Production and Operations Management, 2009, 18(3): 243-258.

[6] Baars J, Domenech T, Bleischwitz R, et al. Circular economy strategies for electric vehicle batteries reduce reliance on raw materials[J]. Nature Sustainability, 2021, 4(1): 71-79.

[7] Cachon G P, Lariviere M A. Capacity choice and allocation: Strategic behavior and supply chain performance[J]. Management Science, 1999a, 45(8): 1091-1108.

[8] Cachon G P, Lariviere M A. An equilibrium analysis of linear, proportional and uniform allocation of scarce capacity[J]. IIE Transactions, 1999b, 31(9): 835-849.

[9] Casals L C, García B A, Aguesse F, et al. Second life of electric vehicle batteries: relation between materials degradation and environmental impact[J]. International Journal of Life Cycle Assessment, 2017, 22(1): 82-93.

[10] Chen F, Li J, Zhang H. Managing downstream competition via capacity allocation [J]. Production and Operations Management, 2013, 22(2): 426-446.

[11] Chen X, Wang X, Xia Y. Production coopetition strategies for competing manufacturers that produce partially substitutable products [J]. Production and Operations Management, 2019, 28(6): 1446-1464.

[12] Chen Y, Su X, Zhao X. Modeling bounded rationality in capacity allocation games

with the quantal response equilibrium[J]. Management Science, 2012, 58(10): 1952-1962.

[13]Chen Y, Zhao X. Decision bias in capacity allocation games with uncertain demand[J]. Production and Operations Management, 2015, 24(4): 634-646.

[14]Chen Y J, Deng M, Huang K W. Hierarchical screening for capacity allocation in supply chains: The role of distributors [J]. Production and Operations Management, 2014, 23(3): 405-419.

[15]Cho S H, Tang C S. Capacity allocation under retail competition: Uniform and competitive allocations[J]. Operations Research, 2014, 62(1): 72-80.

[16]Choudhary V, Ghose A, Mukhopadhyay T, et al. Personalized pricing and quality differentiation[J]. Management Science, 2005, 51(7): 1120-1130.

[17]Chuang C H, Wang C X, Zhao Y. Closed-loop supply chain models for a high-tech product under alternative reverse channel and collection cost structures[J]. International Journal of Production Economics, 2014, 156: 108-123.

[18]Cui T H, Zhang Y. Cognitive hierarchy in capacity allocation games [J]. Management Science, 2017, 64(3): 1250-1270.

[19]Diekmann J, Hanisch C, Froböse L, et al. Ecological recycling of lithium-ion batteries from electric vehicles with focus on mechanical processes[J]. Journal of the Electrochemical Society, 2017, 164(1): A6184-A6191.

[20]Esenduran G, Kemahlıoglu-Ziya E, Swaminathan J M. Impact of take-back regulation on the remanufacturing industry [J]. Production and Operations Management, 2017, 26(5): 924-944.

[21]Fan Z P, Cao Y, Huang C Y, et al. Pricing strategies of domestic and imported electric vehicle manufacturers and the design of government subsidy and tariff policies[J]. Transportation Research Part E-Logistics and Transportation Review, 2020, 143: 102093.

[22]Feng L, Govindan K, Li C. Strategic planning: Design and coordination for dual-recycling channel reverse supply chain considering consumer behavior [J]. European Journal of Operational Research, 2017, 260(2): 601-612.

[23] Feng Z, Luo N, Shalpegin T, et al. The influence of carbon emission reduction instruments on blockchain technology adoption in recycling batteries of the new energy vehicles[J]. International Journal of Production Research, 2024, 62(3): 891-908.

[24] Fu J, Chen X, Hu Q. Subsidizing strategies in a sustainable supply chain[J]. Journal of the Operational Research Society, 2018, 69(2): 283-295.

[25] Geng Q, Mallik S. Inventory competition and allocation in a multi-channel distribution system[J]. European Journal of Operational Research, 2007, 182 (2): 704-729.

[26] Gu H, Liu Z, Qing Q. Optimal electric vehicle production strategy under subsidy and battery recycling[J]. Energy Policy, 2017, 109: 579-589.

[27] Gu X, Ieromonachou P, Zhou L. Subsidising an electric vehicle supply chain with imperfect information[J]. International Journal of Production Economics, 2019, 211: 82-97.

[28] Gu X, Ieromonachou P, Zhou L, et al. Developing pricing strategy to optimise total profits in an electric vehicle battery closed loop supply chain[J]. Journal of Cleaner Production, 2018, 203: 376-385.

[29] Gurnani H, Erkoc M, Luo Y. Impact of product pricing and timing of investment decisions on supply chain co-opetition [J]. European Journal of Operational Research, 2007, 180(1): 228-248.

[30] Ha A Y, Tong S, Zhang H. Sharing demand information in competing supply chains with production diseconomies[J]. Management Science, 2011, 57(3): 566-581.

[31] Han X, Wu H, Yang Q, et al. Collection channel and production decisions in a closed-loop supply chain with remanufacturing cost disruption [J]. International Journal of Production Research, 2017, 55(4): 1147-1167.

[32] Hao H, Ou X, Du J, et al. China's electric vehicle subsidy scheme: Rationale and impacts[J]. Energy Policy, 2014, 73: 722-732.

[33] Hao H, Qiao Q, Liu Z, et al. Impact of recycling on energy consumption and

greenhouse gas emissions from electric vehicle production: The China 2025 case [J]. Resources, Conservation and Recycling, 2017, 122: 114-125.

[34] He L, Sun B. Exploring the EPR system for power battery recycling from a supply-side perspective: An evolutionary game analysis[J]. Waste Management, 2022, 140: 204-212.

[35] He Q, Wang N, Yang Z, et al. Competitive collection under channel inconvenience in closed-loop supply chain[J]. European Journal of Operational Research, 2019, 275(1): 155-166.

[36] Heymans C, Walker S B, Young S B, et al. Economic analysis of second use electric vehicle batteries for residential energy storage and load-levelling [J]. Energy Policy, 2014, 71: 22-30.

[37] Hong X, Govindan K, Xu L, et al. Quantity and collection decisions in a closed-loop supply chain with technology licensing[J]. European Journal of Operational Research, 2017, 256(3): 820-829.

[38] Hong X, Wang Z, Wang D, et al. Decision models of closed-loop supply chain with remanufacturing under hybrid dual-channel collection [J]. International Journal of Advanced Manufacturing Technology, 2013, 68(5-8): 1851-1865.

[39] Huang J, Leng M, Liang L, et al. Promoting electric automobiles: Supply chain analysis under a government's subsidy incentive scheme [J]. IIE Transactions, 2013, 45(8): 826-844.

[40] Huang M, Song M, Lee L H, et al. Analysis for strategy of closed-loop supply chain with dual recycling channel [J]. International Journal of Production Economics, 2013, 144(2): 510-520.

[41] Huang Y, Wang Z. Values of information sharing: A comparison of supplier-remanufacturing and manufacturer-remanufacturing scenarios [J]. Transportation Research Part E: Logistics and Transportation Review, 2017a, 106: 20-44.

[42] Huang Y, Wang Z. Information sharing in a closed-loop supply chain with technology licensing[J]. International Journal of Production Economics, 2017b, 191: 113-127.

[43] Huang Y, Wang Z. Information sharing in a closed-loop supply chain with learning effect and technology licensing[J]. Journal of Cleaner Production, 2020, 271: 122544.

[44] Huang Y S, Chen J M, Lin Z L. A study on coordination of capacity allocation for different types of contractual retailers[J]. Decision Support Systems, 2013, 54 (2): 919-928.

[45] Jacobs B W, Subramanian R. Sharing responsibility for product recovery across the supply chain[J]. Production and Operations Management, 2012, 21(1): 85-100.

[46] Kannan G, Sasikumar P, Devika K. A genetic algorithm approach for solving a closed loop supply chain model: A case of battery recycling [J]. Applied Mathematical Modelling, 2010, 34(3): 655-670.

[47] Ku H, Jung Y, Jo M, et al. Recycling of spent lithium-ion battery cathode materials by ammoniacal leaching[J]. Journal of Hazardous Materials, 2016, 313: 138-146.

[48] Li G, Zheng H, Sethi S P, et al. Inducing downstream information sharing via manufacturer information acquisition and retailer subsidy[J]. Decision Sciences, 2020, 51(3): 691-719.

[49] Li J, Jiao J, Tang Y. An evolutionary analysis on the effect of government policies on electric vehicle diffusion in complex network[J]. Energy Policy, 2019, 129: 1-12.

[50] Li J, Ku Y, Liu C, et al. Dual credit policy: promoting new energy vehicles with battery recycling in a competitive environment? [J]. Journal of Cleaner Production, 2020, 243: 118456.

[51] Li J, Yu N, Liu Z, et al. Allocation with demand competition: Uniform, proportional, and lexicographic mechanisms[J]. Naval Research Logistics, 2017, 64(2): 85-107.

[52] Li L. Cournot oligopoly with information sharing [J]. The RAND Journal of Economics, 1985, 16(4): 521-536.

[53] Li L. Information sharing in a supply chain with horizontal competition [J].

Management Science, 2002, 48(9): 1196-1212.

[54] Li L, Zhang H. Confidentiality and information sharing in supply chain coordination[J]. Management Science, 2008, 54(8): 1467-1481.

[55] Liu C, Huang W, Yang C. The evolutionary dynamics of China's electric vehicle industry-Taxes vs. subsidies [J]. Computers & Industrial Engineering, 2017, 113: 103-122.

[56] Liu C, Lin J, Cao H, et al. Recycling of spent lithium-ion batteries in view of lithium recovery: A critical review[J]. Journal of Cleaner Production, 2019, 228: 801-813.

[57] Liu F, Li J, Zhang J Z, et al. Optimal strategy for secondary use of spent electric vehicle batteries: sell, lease, or both[J]. Annals of Operations Research, 2023: 1-31.

[58] Liu L, Wang Z, Xu L, et al. Collection effort and reverse channel choices in a closed-loop supply chain[J]. Journal of Cleaner Production, 2017, 144: 492-500.

[59] Liu Z. Equilibrium analysis of capacity allocation with demand competition[J]. Naval Research Logistics, 2012, 59(3-4): 254-265.

[60] Lu L X, Lariviere M A. Capacity allocation over a long horizon: The return on turn-and-earn[J]. Manufacturing & Service Operations Management, 2012, 14(1): 24-41.

[61] Luo C, Leng M, Huang J, et al. Supply chain analysis under a price-discount incentive scheme for electric vehicles [J]. European Journal of Operational Research, 2014, 235(1): 329-333.

[62] Luo Z, Chen X, Wang X. The role of co-opetition in low carbon manufacturing [J]. European Journal of Operational Research, 2016, 253(2): 392-403.

[63] Neubauer J, Pesaran A. The ability of battery second use strategies to impact plug-in electric vehicle prices and serve utility energy storage applications[J]. Journal of Power Sources, 2011, 196(23): 10351-10358.

[64] Niu B, Wang Y, Guo P. Equilibrium pricing sequence in a co-opetitive supply chain with the ODM as a downstream rival of its OEM[J]. Omega, 2015, 57:

249-270.

［65］Panda S, Modak N M. Coordinating a socially responsible closed-loop supply chain with product recycling［J］. International Journal of Production Economics, 2017, 188: 11-21.

［66］Peterson S B, Whitacre J F, Apt J. The economics of using plug-in hybrid electric vehicle battery packs for grid storage［J］. Journal of Power Sources, 2010, 195 (8): 2377-2384.

［67］Qing Q, Deng T, Wang H. Capacity allocation under downstream competition and bargaining［J］. European Journal of Operational Research, 2017, 261(1): 97-107.

［68］Raugei M, Winfield P. Prospective LCA of the production and EoL recycling of a novel type of Li-ion battery for electric vehicles［J］. Journal of Cleaner Production, 2019, 213: 926-932.

［69］Sasikumar P, Haq A N. Integration of closed loop distribution supply chain network and 3PRLP selection for the case of battery recycling［J］. International Journal of Production Research, 2011, 49(11): 3363-3385.

［70］Savaskan R C, Bhattacharya S, Van Wassenhove L N. Closed-loop supply chain models with product remanufacturing［J］. Management Science, 2004, 50(2): 239-252.

［71］Savaskan R C, Van Wassenhove L N. Reverse channel design: The case of competing retailers［J］. Management Science, 2006, 52(1): 1-14.

［72］Schultmann F, Engels B, Rentz O. Closed-loop supply chains for spent batteries [J]. Interfaces, 2003, 33(6): 57-71.

［73］Shamir N. Strategic information sharing between competing retailers in a supply chain with endogenous wholesale price［J］. International Journal of Production Economics, 2012, 136(2): 352-365.

［74］Shamir N, Shin H. Public forecast information sharing in a market with competing supply chains［J］. Management Science, 2015, 62(10): 2994-3022.

［75］Shang W, Ha A Y, Tong S. Information sharing in a supply chain with a common retailer[J]. Management Science, 2016, 62(1): 245-263.

[76] Shao L, Yang J, Zhang M. Subsidy scheme or price discount scheme? Mass adoption of electric vehicles under different market structures [J]. European Journal of Operational Research, 2017, 262(3): 1181-1195.

[77] Shi Y, Nie J, Qu T, et al. Choosing reverse channels under collection responsibility sharing in a closed-loop supply chain with remanufacturing [J]. Journal of Intelligent Manufacturing, 2015, 26(2): 387-402.

[78] Subulan K, Taşan A S, Baykasoglu A. A fuzzy goal programming model to strategic planning problem of a lead/acid battery closed-loop supply chain [J]. Journal of Manufacturing Systems, 2015, 37(1): 243-264.

[79] Sun B, Su X, Wang D, et al. Economic analysis of lithium-ion batteries recycled from electric vehicles for secondary use in power load peak shaving in China[J]. Journal of Cleaner Production, 2020, 276: 123327.

[80] Sun Q, Chen H, Long R, et al. Comparative evaluation for recycling waste power batteries with different collection modes based on Stackelberg game[J]. Journal of Environmental Management, 2022, 312: 114892.

[81] Sun X, Liu X, Wang Y, et al. The effects of public subsidies on emerging industry: An agent-based model of the electric vehicle industry[J]. Technological Forecasting and Social Change, 2019, 140: 281-295.

[82] Swain B. Recovery and recycling of lithium: A review [J]. Separation and Purification Technology, 2017, 172: 388-403.

[83] Tang Y, Zhang Q, Li Y, et al. Recycling mechanisms and policy suggestions for spent electric vehicles' power battery — A case of Beijing[J]. Journal of Cleaner Production, 2018, 186: 388-406.

[84] Tang Y, Zhang Q, Li Y, et al. The social-economic-environmental impacts of recycling retired EV batteries under reward-penalty mechanism [J]. Applied Energy, 2019, 251: 113313.

[85] Tang Y, Zhang Q, Mclellan B, et al. Study on the impacts of sharing business models on economic performance of distributed PV-Battery systems[J]. Energy,

2018, 161: 544-558.

[86] Wang Q, Hong X, Gong Y, et al. Collusion or not: The optimal choice of competing retailers in a closed-loop supply chain [J]. International Journal of Production Economics, 2020, 225: 107580.

[87] Wang T, Deng S. Supply chain leading models of building charging stations: Leaders, subsidy policies, and cost sharing [J]. International Journal of Sustainable Transportation, 2019, 13(3): 155-169.

[88] Wang Y, Niu B, Guo P. On the advantage of quantity leadership when outsourcing production to a competitive contract manufacturer[J]. Production and Operations Management, 2013, 22(1): 104-119.

[89] Wang Z, Ye C, Guo J. Optimisation of remanufacturing supply chain with dual recycling channels under improved deep reinforcement learning algorithm [J]. International Journal of Systems Science: Operations & Logistics, 2024, 11(1): 2396432.

[90] Weisman D L, Kang J. Incentives for discrimination when upstream monopolists participate in downstream markets[J]. Journal of Regulatory Economics, 2001, 20 (2): 125-139.

[91] Wilhelm M M. Managing coopetition through horizontal supply chain relations: Linking dyadic and network levels of analysis [J]. Journal of Operations Management, 2011, 29(7-8): 663-676.

[92] Xie W, Jiang Z, Zhao Y, et al. Capacity planning and allocation with multi-channel distribution[J]. International Journal of Production Economics, 2014, 147: 108-116.

[93] Xu X, Mi J, Fan M, et al. Study on the performance evaluation and echelon utilization of retired LiFePO$_4$ power battery for smart grid[J]. Journal of Cleaner Production, 2019, 213: 1080-1086.

[94] Yan Y, Zhao R, Lan Y. Moving sequence preference in coopetition outsourcing supply chain: Consensus or conflict [J]. International Journal of Production Economics, 2019, 208: 221-240.

[95]Yang D, Qiu L, Yan J, et al. The government regulation and market behavior of the new energy automotive industry[J]. Journal of Cleaner Production, 2019, 210: 1281-1288.

[96]Yu J, Tang C, Shen Z. Improving consumer welfare and manufacturer profit via government subsidy programs: Subsidizing consumers or manufacturers? [J]. Manufacturing & Service Operations Management, 2018, 20(4): 752-766.

[97]Yuan K, Wang C, Wu G. Range coopetition: NEV automakers' strategies under dual credit policy influences[J]. Journal of the Knowledge Economy, 2024: 1-37.

[98]Yue X, Liu J. Demand forecast sharing in a dual-channel supply chain [J]. European Journal of Operational Research, 2006, 174(1): 646-667.

[99]Yun L, Linh D, Shui L, et al. Metallurgical and mechanical methods for recycling of lithium-ion battery pack for electric vehicles[J]. Resources, Conservation and Recycling, 2018, 136: 198-208.

[100]Zacharia Z, Plasch M, Mohan U, et al. The emerging role of coopetition within inter-firm relationships[J]. International Journal of Logistics Management, 2019, 30(2): 414-437.

[101]Zeng X, Li J, Liu L. Solving spent lithium-ion battery problems in China: Opportunities and challenges[J]. Renewable and Sustainable Energy Reviews, 2015, 52: 1759-1767.

[102]Zhang H. Vertical information exchange in a supply chain with duopoly retailers [J]. Production and Operations Management, 2002, 11(4): 531-546.

[103]Zhang X. Reference-dependent electric vehicle production strategy considering subsidies and consumer trade-offs[J]. Energy Policy, 2014, 67: 422-430.

[104]Zhang X, Bai X, Zhong H. Electric vehicle adoption in license plate-controlled big cities: Evidence from Beijing[J]. Journal of Cleaner Production, 2018, 202: 191-196.

[105]Zhao S, Ma C. Research on the coordination of the power battery echelon utilization supply chain considering recycling outsourcing[J]. Journal of Cleaner Production, 2022, 358: 131922.

[106]Zheng X, Zhu Z, Lin X, et al. A mini-review on metal recycling from spent lithium ion batteries[J]. Engineering, 2018, 4(3): 361-370.

[107]Zhou J, Tang Z, Zhou D, et al. A study on capacity allocation scheme with seasonal demand[J]. International Journal of Production Research, 2015, 53 (15): 4538-4552.

[108]Zhou X, Zhao R, Cheng L, et al. Impact of policy incentives on electric vehicles development: a system dynamics-based evolutionary game theoretical analysis [J]. Clean Technologies and Environmental Policy, 2019, 21(5): 1039-1053.

[109]Zhu M, Liu Z, Li J, et al. Electric vehicle battery capacity allocation and recycling with downstream competition [J]. European Journal of Operational Research, 2020, 283(1): 365-379.

[110]Ziemann S, Müller D B, Schebek L, et al. Modeling the potential impact of lithium recycling from EV batteries on lithium demand: A dynamic MFA approach[J]. Resources, Conservation and Recycling, 2018, 133: 76-85.

[111]冯中伟, 晁乾坤, 谭春桥. 考虑动力电池回收的电动汽车制造商竞争与竞合策略选择[J]. 系统工程理论与实践, 2024, 44(2): 625-644.

[112]冯中伟, 陈玉雯, 谭春桥. 考虑动力电池回收的供应商开发策略选择[J]. 管理工程学报, 2024, 38(5): 235-250.

[113]高艳红, 黎振东. 考虑非正式组织的动力电池生产者责任延伸回收模式研究[J]. 管理评论, 2024, 36(3): 225-236.

[114]公彦德, 达庆利, 占济舟. 基于处理基金和拆解补贴的电器电子产品 CLSC 研究[J]. 中国管理科学, 2016, 24(6): 97-105.

[115]洪宪培, 王宗军, 赵丹. 闭环供应链定价模型与回收渠道选择决策[J]. 管理学报, 2012, 9(12): 1848-1855.

[116]黄宗盛, 聂佳佳, 胡培. 基于微分对策的再制造闭环供应链回收渠道选择策略[J]. 管理工程学报, 2013, 27(3): 93-102.

[117]吉清凯, 胡祥培, 赵达. 有限产能下智能电子产品供应链的产量博弈模型 [J]. 系统工程理论与实践, 2018, 38(10): 2578-2586.

[118]姜彩楼, 张莹, 李玮玮, 等. 政府补贴与新能源汽车企业研发的演化博弈研

究[J]. 运筹与管理, 2020, 29(11): 22-28.

[119]李英, 胡剑. 基于智能体的多类新能源汽车市场扩散模型[J]. 系统管理学报, 2014, 23(5): 711-716.

[120]楼高翔, 雷鹏, 马海程, 等. 不同回收补贴政策下新能源汽车动力电池闭环供应链运营决策研究[J]. 管理学报, 2023, 20(2): 267-277.

[121]卢超, 赵梦园, 陶杰, 等. 考虑需求和质量双重风险的动力电池回收定价策略和协调机制研究[J]. 运筹与管理, 2020, 29(4): 195-203.

[122]卢荣花, 李南. 零售商竞争环境下两周期闭环供应链回收渠道选择研究[J]. 系统管理学报, 2017, 26(6): 1143-1150.

[123]罗春林. 基于政府补贴的电动汽车供应链策略研究[J]. 管理评论, 2014, 26(12): 198-205.

[124]倪明, 张族华, 郭军华, 等. 不确定需求条件下双渠道回收闭环供应链回收模式比较[J]. 系统工程, 2017, 35(2): 60-68.

[125]聂佳佳. 零售商信息分享对闭环供应链回收模式的影响[J]. 管理科学学报, 2013, 16(5): 69-82.

[126]聂佳佳. 需求信息预测对制造商回收再制造策略的价值[J]. 管理科学学报, 2014, 17(1): 35-47.

[127]秦字兴. 基于政企博弈的电动汽车研发补贴政策研究[J]. 工业工程与管理, 2016, 21(4): 127-136.

[128]邵路路, 杨珺, 杨超. 考虑产品环境质量和消费者惯性的电动汽车供应链策略分析[J]. 运筹与管理, 2017, 26(8): 99-108.

[129]邵路路, 杨珺, 杨超. 电动汽车的市场需求和环境影响: 功能更新与政府补贴[J]. 运筹与管理, 2018, 27(1): 103-111.

[130]舒秘, 聂佳佳. 产能约束对闭环供应链回收渠道选择的影响[J]. 运筹与管理, 2015, 24(4): 52-57.

[131]王浩伦. 基于直觉语言粗糙 CoCoSo-H 的废旧动力电池回收技术选择模型[J]. 中国管理科学, 2024, 32(5): 24-37.

[132]王桐远, 李延来. 零售商信息分享对双渠道绿色供应链绩效影响研究[J]. 运筹与管理, 2020, 29(12): 98-106.

[133]王文宾，丁军飞．奖惩机制下零售商信息分享对闭环供应链的影响研究[J]．运筹与管理，2020，29(7)：89-98.

[134]王文宾，刘业，钟罗升，等．补贴—惩罚政策下废旧动力电池的回收决策研究[J]．中国管理科学，2023，31(11)：90-102.

[135]肖群，马士华．信息不对称对闭环供应链MTO和MTS模式的影响研究[J]．中国管理科学，2016，24(5)：139-148.

[136]谢隽阳，乐为，郭本海．基于生产者责任延伸的新能源汽车动力电池回收帕累托均衡[J]．中国管理科学，2022，30(11)：309-320.

[137]熊勇清，李小龙，黄恬恬．基于不同补贴主体的新能源汽车制造商定价决策研究[J]．中国管理科学，2020，28(8)：139-147.

[138]徐莹莹，符丽雅，吕希琛，等．新能源汽车生产商与梯次利用企业合作商业模式选择机制研究——基于退役电池梯次利用视角[J]．运筹与管理，2023，32(10)：151-157.

[139]杨艳萍，闫宏斌，马铁驹．基于模糊认知图的纯电动汽车扩散分析[J]．系统管理学报，2018，27(2)：359-365.

[140]余大勇，钱佳，陈雪柔，等．需求推断差异下供应链成员的运营决策机制[J]．系统管理学报，2020，29(5)：987-993.

[141]张川，陈宇潇．政府补贴下考虑规模效应的动力电池梯次利用闭环供应链决策与协调[J]．运筹与管理，2021，30(12)：72-77，91.

[142]张川，田雨鑫，崔梦雨．电动汽车动力电池制造商混合渠道回收模式选择与碳减排决策[J]．中国管理科学，2024，32(6)：184-195.

[143]张盼．政府奖惩下闭环供应链中需求预测信息分享研究[J]．中国管理科学，2019，27(2)：107-118.

[144]赵骓，郑吉川．不同新能源汽车补贴政策对市场稳定性的影响[J]．中国管理科学，2019，27(9)：47-55.

[145]郑本荣，杨超，杨珺．回收渠道竞争下制造商的战略联盟策略选择[J]．系统工程理论与实践，2018，38(6)：1479-1491.

后　记

　　时光荏苒，我参加工作已三年有余，终于完成了人生的第一本专著。回想这些年来的求学和工作经历，心中感慨万千。求知路上的困惑不少，但收获和成长更多。感谢一路走来帮助过我的老师、同学、亲人和朋友们，是你们让我在困难中勇于前行，给我力量。

　　感谢我的博士生导师刘志学教授。刘老师学识渊博、严谨认真，在博士学习阶段给予我悉心的指导，与刘老师的每一次学术探讨都会让我受益匪浅。在刘老师的教导下，我深刻地认识到做研究不能急于求成、闭门造车，要多了解国内外相关领域的研究动态，多观察实践中的新现象，发现新问题；多学习经典的理论和方法，为做研究夯实基础；多参加国内外权威学术会议，与本领域的专家和学者交流探讨，学习他们的研究思路和方法，这对我之后的学习和科研大有裨益。在生活上，刘老师是一位非常和蔼可亲、关爱学生的好老师，平时会经常嘱咐我们要劳逸结合，学会减压，学习之余多加强体育锻炼，也会主动询问我们是否有生活上的困难。能遇到这样一位恩师，倍感幸运和感激。

　　感谢荷兰格罗宁根大学的朱翔教授。朱老师为我的学术生涯提供了极大的帮助，在朱老师和导师的共同指导下，我顺利地在国际重要学术期刊上发表了相关研究成果。

　　最后，要感谢我的家人。感谢我的父母，感谢你们多年来的无私付出，感谢你们对我学业的大力支持和在生活上的关心爱护，让我能够专心读书，实现自己的人生理想。你们的言传身教让我受益终身。感谢我的爱人，感谢你对我无微不至的照顾、陪伴和鼓励，让我的生活更加幸福和温暖。感谢我可爱的儿子，你的到来给我们全家带来了无尽的欢乐，看到你天真无邪的笑容，一天天健康长大，作为妈妈，我倍感欣慰。祝愿你健康快乐成长！

　　谨以此书献给所有关心和帮助我的人。

朱梦萍

2024 年 9 月于武汉科技大学